40代からの「英語」の学び方

10代、20代より速く身につくコツ

『THE 21』編集部［編］

PHPビジネス新書

はじめに

40代は英語学習の「ベストタイミング」だった⁉

「英語はやらなくてはならない。でも、今さら勉強を始めても遅いのではないか」……多くの40代ビジネスパーソンの、偽らざる本音ではないだろうか。

学生の頃に学んだ英語はほとんど忘れてしまった。しかも、世間一般的には、「年齢を重ねると徐々に記憶力が衰え、学習効果は下がる」などと言われている。加えてこの世代は仕事も家庭も忙しく、なかなか時間を作ることができない。40代が英語を身につけるのは至難の業《わざ》のように思える。

だが、多くの「英語のプロ」と呼ばれる方々へインタビューを行なった結果、まったく違った事実が見えてきた。決して遅くないどころか、むしろ年齢を重ねた40代こそ、「英語が一番速く身につくベストなタイミング」だと、多くの人が断言しているのだ。

それはなぜか。理由はいくつもあるが、一つには「経験を活かせる」ことが挙げられる。40代ともなると、仕事で多くの経験を積んでいる。だから、わからない単語や表現が出てきても、その場の雰囲気や話の流れで「類推」することができる。これがベテランの強みだ。

もう一つ、「学ぶものを取捨選択する」ことができるのも40代の強み。学生時代は受験勉強のため、リスニング、スピーキング、文法など、苦手な分野もすべて均等に学ばねばならなかった。だが、40代は必要性のあるもの、興味のあるものだけ選べばいい。やりたいものをやるほうが、頭にもずっと入りやすい。そして結果的に、苦手な分野も伸びていくことになる。

ただ、注意すべき点もある。それは「従来の勉強法を忘れる」こと。たとえば、学生時代にやっていた「単語の丸暗記」はきわめて非効率な方法だと、脳活動の研究家である篠原菊紀氏は指摘する。また、人気英語教師の関正生《まさお》氏によれば「一字一句聞き漏らさないように」という姿勢が、むしろリスニングにはマイナスになってしまうという。

では、どのような勉強が効率的なのか。本書の中にそのノウハウを余すところなく詰め込んだので、ぜひご参照いただきたい。

時間がないからこそ勉強効率は高まる

ただ、「どんなに効率的な方法でも、そのわずかな時間すら取れない」という人も多いだろう。だが、英語を身につけるには「勉強時間をむしろ制限する」ほうがいいというのも、識者が共通して指摘するところだ。時間がいくらでもあるとかえって効率が下がり、時間がないほうがむしろ効率が上がるのだという。

それでも「毎日少しでも触れる習慣をつける」ことは重要だ。楽しみながら、毎日少しでもいいから英語に触れる。そのためのモチベーション維持の方法についても、本書の中で紹介している。

英語を学ぶ意義は仕事にとどまらない。趣味の幅も大きく広がるし、定年後の選択肢も増える。本書で紹介するノウハウは、30代や50代の人はもちろん、定年前後の60代の人にも十分活用できるものとなっている。ぜひ、英語を学び、そして身につけることで、仕事と人生をより豊かなものにしていただきたいと思う。

『THE21』編集部

Contents

Contents

第2章

大人のための「超効率的」勉強法

「忙しい」を言い訳にしない！

第3章 あの人は、社会人になってからいかに英語をマスターしたか？

本書は『ＴＨＥ21』２０１７年２月号「40代からの『英語』の学び方」を再編集したものです。一部、２０１０年９月号、２０１１年９月号、２０１５年２月号の記事も使用しています。文中に登場する方々のご年齢、組織名・団体名、肩書・役職などは、一部を除き雑誌発刊当時のものです。

第1章

「40代から英語ができる人」になる勉強法

「いつか英語を身につけなければ」と思いつつ、日々の忙しさに流されて手をつけられなかったり、始めたはいいが挫折してしまったり……。

そんな経験を持つビジネスパーソンは多いだろう。

気がついたらもう40〜50代になり、「今さらムリだ」と自ら諦めてしまっている人もいるかもしれない。そういう人にこそぜひ、読んでいただきたいのが本書だ。

多くの識者が「40代以降こそ、英語を学ぶベストタイミング」だと説いている。それはなぜか。そして、10代や20代とは違った「40代以降の英語の学び方」とは？

summary

なぜ、40代からのほうが英語が身につくのか&知っておくべき10の勉強法

「英語格差」に負けないために

「英語を学んだほうがいいのはわかっている。でも時間が足りない」……多くのビジネスパーソンの、偽らざる本音だろう。

また、せっかくのやる気を阻害する要因がもう一つある。「年齢を重ねると徐々に記憶力が衰え、学習効果は下がる」という「常識」だ。その結果、やる気を失い挫折してしまったり、「今さら苦労しなくてもいいか」と最初から諦めてしまう。

だが、本当に「今さらいい」かどうかは、微妙かもしれない。日本は今後、いやおうなく「英語が当たり前の社会」になるからだ。

「英語格差」という言葉がある。英語ができる人とできない人の間に生まれる所得等の格差を指すが、これが今、徐々に広がりつつある。今後、「英語ができるのが当たり前」の新入社員が入ってきて、定年間際になり「あれ、英語できないって本当ですか？」と言われてしまうようでは、目も当てられない。

だが、今回の取材を進めてわかったのは、むしろ楽観的になれるような話だった。「40代で記憶力が衰えるというのは間違い」「むしろ学生時代より40代のほうが、英語は速くマスターできる」と多くの人が主張していたからだ。

まず大事なのは「受験勉強」を忘れること

ただ、そのためには「従来の勉強法」では通用しない。まず、最も多くの識者が共通して指摘していたのは、**「学生時代のような単語の丸暗記はしない」**ということだ。脳活動の研究家である篠原菊紀氏は、丸暗記は「脳の仕組み的にも効率が悪い」と断言する

（133ページ）。

もう一つ、頭を切り替えるべきこととして、**「『日本語→英語』ではなく『英語→日本語』で考える」**ことがある。学生時代は「学生→student」という覚え方をしていたと思うが、人気英語講師の関正生氏によれば、その逆の「student→学生」という覚え方のほうが、4倍も効率がいいという（111ページ）。

ではなぜ、40代のほうが英語が速く身につくのか。理由の一つが「経験を活かせる」こと。40代ともなると、仕事で多くの経験を積んでいる。だから、わからない単語や表現が出てきても、その場の雰囲気や話の流れで「類推」できる。これがベテランの強みだ。

ただ、そこで大事なのは、**「すべて聞き取ろうとせず、類推する」**というマインドチェンジ。「一字一句聞き取らねば」という意識だと、一つでもわからない言葉が出てくると頭が真っ白になってしまうからだ。

もう一つ、**「学ぶものを取捨選択する」**ことができるのも40代の強み。学生時代はリスニング、スピーキング、文法など、いやでもすべてやらねばならなかった。だが、40代は必要性のあるもの、あるいは興味のあるものだけ選べばいい。やりたいものをやるほうが、頭にもずっと入りやすくなる。

それでも記憶すべきことはある。そこで重要になるのが**「ベストなタイミングで反復する」**こと。出口汪《ひろし》氏によれば、脳の仕組み上、最適な反復のタイミングがあるという。それに則って反復すれば、がむしゃらな丸暗記よりよほど記憶が定着する（150ページ）。

他に多くの人が勧めていた勉強法は**「声に出し、自分で聞く」**こと。自分で発音できない音は聞き取れない。だからこそひたすら音読し、その音を自分でも聞くことで、英語の耳を作るのだ。

また、小池直己《なおみ》氏などが勧めるのが**「中学英語を学び直す」**こと（27ページ）。ビジネスで使う英語の基礎はほぼ、中学英語でカバーできるからだ。その意味でむやみに単語を増やす必要はないが、やはり**「定番フレーズを覚える」**ことは重要。マヤ・バーダマン氏の**「英語の敬語」**を使うことができればなおいいだろう（88ページ）。

時間がないからこそ勉強効率は高まる！

忙しくて英語を勉強する時間が取れない、という人は多いと思うが、英語を身につけるには**「勉強時間をむしろ制限する」**ほうがいいと指摘する人が多かった。時間がいくらでもあるとかえって効率が下がり、時間がないほうがむしろ効率が上がるのだという。

それでも**「毎日少しでも触れる習慣をつける」**ことは重要だ。楽しみながら、毎日少しでもいいから英語に触れる。そのためのモチベーションの維持方法についても、多くの識者にうかがっている。

先ほど「英語格差」の話をしたが、英語を学ぶ意義は仕事にとどまらない。人生を豊かにするための生涯学習だとも言える。英語ができれば定年後の選択肢も大きく広がる。

本書で紹介するノウハウは、30代や50代の人はもちろん、定年前後の60代の人にも十分活用できる。もちろん、定年後に改めて学び直すのもいいが、できれば現役時代にこの方法で英語を身につけておくことをお勧めしたい。

知っておくべき10の勉強法

❶	学生時代のような単語の丸暗記はしない	P.122 小川仁志氏の記事など
❷	『日本語→英語』ではなく『英語→日本語』で考える	P.20 菊間ひろみ氏の記事など
❸	すべて聞き取ろうとせず、類推する	P.96 関正生氏の記事など
❹	学ぶものを取捨選択する	P.35 藤岡頼光氏の記事など
❺	ベストなタイミングで反復する	P.146 出口汪氏の記事など
❻	声に出し、自分で聞く	P.62 花田徹也氏の記事など
❼	中学英語を学び直す	P.219 巻末付録など
❽	定番フレーズを覚える	P.88 マヤ・バーダマン氏の記事など
❾	勉強時間をむしろ制限する	P.138 西多昌規氏の記事など
❿	毎日少しでも触れる習慣をつける	P.27 小池直己氏の記事など

習得に必要なのは「若さ」ではなく「目的意識の高さ」

10代の学生よりも40代が英語力を急速に伸ばせる理由

一般的には若いほうが英語を習得しやすいと言われるが、長年、企業などで英語研修を手がけてきた中で、菊間ひろみ氏は「英語を学ぶのは40歳からがいい」という結論に達したという。いったいなぜなのか。お話をうかがった。

Profile

イングリッシュ・トレーナー

菊間ひろみ

茨城大学人文学部人文学科英文科卒業（英語学専攻）。ロータリー財団奨学生として米国ペンシルバニア州立大学の大学院でTESL（第二言語としての英語教授法）を学ぶ。現在は、㈱オーティーシーの主任コーディネーターとして、大手企業や大学向けのTOEICおよび英会話の研修をはじめ、TOEIC教材の開発を担当。著書に『英語を学ぶのは40歳からがいい』（幻冬舎新書）、『これだけ! TOEIC® テスト総合対策　初めて〜650点』（あさ出版）など多数。

経験と必要性は若さに優るアドバンテージ

「仕事で使える英語力を身につけたいが、40代にもなれば記憶力が衰えてくる。今から学んでももう遅いかな……」。そんな諦めを持っている人も多いかもしれないが、菊間氏は「40代で英語を始めても、まったく遅くない」と言う。

「私の経験でも、長く英語に触れていなかった40～50代の人が、再び勉強を始めて、英語で電話やプレゼンができるようになった例は珍しくありません。記憶力が多少落ちても、英語を習得するのは十分可能です。むしろ、**英語を学ぶのは40歳からのほうがいい**ぐらいです」

40歳以降のほうがいい理由はいくつかある。一つは「モチベーションの高さ」だ。

「英語を習得するうえで最も重要なのは『毎日コツコツ継続する』こと。どんなに頭が良くても、記憶力が高くても、毎日、習慣のように英語に触れ続けなければ、自然と英語が口から出てくるようにはなりません。ゴルフなどのスポーツが、たくさん練習して身体で覚え込まないとうまくならないのと同じです。

では、毎日続けるためには何が必要かと言えば、それはモチベーションです。モチベーションは、40歳以上のほうが、10代の学生よりも高い人が多いと感じます。日頃の業務などで英語の必要性を実感しているからでしょうね」

英語を学ぶ目的が明確になっているのも、40代の強みだという。

「『海外の取引先とメールのやり取りをする』『英語でプレゼンをする』など、具体的に使う場面が決まっていると、仕事で必要な英語だけに絞り込んで覚えられます。また、これまで多くの業務経験を積んできているので、相手に何を伝えるべきか明確に理解しています。ですから、効率良く、必要な英語だけを身につけることができます。学んだ英語をすぐに実践の場で使えるので、成果を感じやすく、モチベーションが持続しやすいのです」

学生時代の勉強法はむしろ忘れてしまおう

40代にもなると、学生時代にしていた英語の勉強法を忘れている人が多いだろう。実は、これも英語を習得するうえでの大きなアドバンテージだと菊間氏は言う。

「学校で教えている勉強法は、あくまで受験のためのもの。実践的な英語をマスターするためのものではありません。それどころか、英語の習得に悪影響をおよぼすことすらあります」

その最たるものとして菊間氏が挙げるのは「単語のみを丸暗記すること」だ。

「英語学習を始めるとき、単語帳を買って単語のみを覚えようとする人がいますが、単語だけを覚えても、その使い方がわからなければ実際には使えません。単語を単独で覚えるのはナンセンス。『英語はセンテンス（文）単位で覚えて初めて使えるようになる』ということを肝に銘じておきましょう」

また、「日本語の文を英語に直訳する」という勉強法も、弊害のほうが大きいという。

「日本と英語圏では、文化の違いがあります。ですから、日本語のやり取りをそのまま直訳しても、実際には使えないことが多いのです。

たとえば、ビジネスメールの文章。日本では『お世話になっております』から始めることが一般的ですが、英語圏では『こういう目的でメールを送りました』という目的を伝える文から始めます。『お世話になっております』のような挨拶文をそのまま英訳して、メールの冒頭に入れても、相手は困惑するだけです。

ひたすら日本語を英訳する習慣はもうやめましょう。自然な英語表現にたくさん接し、その表現をそのまま使ってください。そうすれば、皆さんの英語はとてもわかりやすいと思われるのです」

場面ごとのフレーズをまずはそのまま覚え込む

実践で使える英語をマスターするには、シチュエーション別に、英語圏の人にとって定番の会話例をフレーズで覚える必要がある、と菊間氏は言う。

「たとえば電話で名乗るときには『This is ◯◯ speaking.』。外線の電話に出るときには、会社名を言ってから『May I help you?』と言う、といった具合ですね。『自分が話したいことをどう英訳するか』を考えるのではなく、『英語圏の人はどう表現しているのか』を考えて、そのフレーズをきっちりと覚えるのです。まずはその段階をきちんと踏むことで、初めて自分が話したいことが言えるようになります」

あるシチュエーションに置かれたときに、そのシチュエーションにおいて**定番のフレーズが自然と口から出てくるようになるためには、何度も「音読」をすることが大切**だ。

「音読は、リスニング能力を高めるうえでも非常に重要です。人間は、自分が発音できない音はなかなか聞き取れません。カタカナ英語で話していると、英語特有の音が聞き取れず、リスニング力が伸びないのです。ですから、発音は意識的に直しましょう。音声教材のナレーターと同じように発音するよう努めてください」

ポイントは「リエゾン」を意識することだ。

「リエゾンとは、単語の最後の子音と、次の単語の最初の音を連結して発音することです。たとえば、『get you』を『ゲッチュー』、『an apple』を『アナポ』というように発音すること。これを理解して音読すると、ネイティブスピーカーの発音に近づきます。

また、強弱をつけて英文を読むことも重要です。日本人は、英語を話すとき、抑揚をつけずにフラットに話す傾向があります。これはネイティブスピーカーにとっては非常に聞きにくい。**英語は音楽のようにリズムがある言語なので、大げさなほどに抑揚をつけて、ちょうどいい**ぐらいです」

ただし、ネイティブスピーカー並みの発音を目指す必要はないとも言う。

「ある言語学者によると、ネイティブスピーカーのような完璧な発音は思春期前でないと身につけるのが難しいらしいです。しかし、そのレベルまでいかなくても大丈夫。**ビジネスシーンでも、きれいな英語を話しているのは米国や英国など英語圏の人だけ**で、ほとんんどの国の人は自国訛《なま》りの英語を話しています。要は、通じるレベルまで身につければ十分なのです」

Column

「なぜこうなるのか?」と考えすぎてはいけない

40歳以降で英語を学ぶことにはメリットも多いが、一方で、人生経験を経ているからこその注意点もある。それは「『なぜそうなるのか?』を突き詰めないこと」だと菊間氏。

「『なぜこういう構文になるのか?』『なぜcouldn't は使えて、could は使えないのか?』などと、理屈を求める人が社会人には多いのです。しかし、英語の文法は理屈で考えても仕方がないことが少なくありません。『なぜ?』と考えても、答えが出ないことがよくあります。業務では『なぜを5回繰り返す』ことを徹底している会社もあるようですが、英語を勉強する際にそのクセが抜けていないと、先に進めなくなります。

『理由はよくわからないけれど、とにかく英語ではこう言うのだ』と割り切って、定番のフレーズを覚えること。それが英語習得の近道です」(菊間氏)

「中学英語の学び直し」が40代からの英語習得の近道だ

「大人の知恵」を活かした勉強法とは？

忙しさや記憶力の低下を理由に、英語の習得を諦める人も多い40代。しかし、彼らこそ英語を学び直すべきだと語るのは、数々の英語関連書籍でベストセラーを連発してきた小池直己氏。しかも、中学レベルの英語をおさらいするだけで、最低限の英語は習得できるという。その具体的な勉強方法を教えていただいた。

Profile

執筆家
小池直己

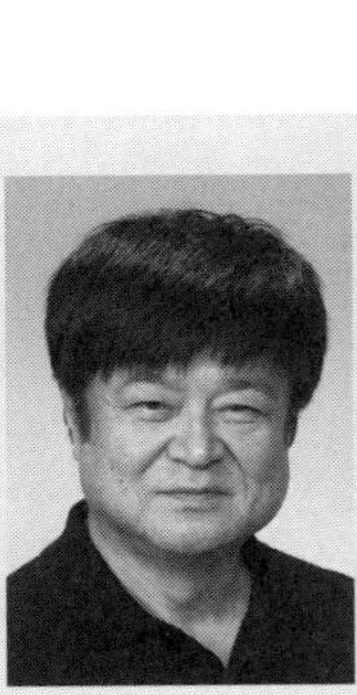

広島大学大学院修了。カリフォルニア大学ロサンゼルス校の客員研究員を経て、就実大学教授・大学院教授を歴任。「Asahi Weekly」のコラムや「NHK Eテレ」などといったメディアを通じて英語を解説。単著でTOEICテスト対策本・時事英語等の書籍を上梓し、佐藤誠司氏との共著でもベストセラーを多数生み出す。近著に『英語でたのしむ「アドラー心理学」』（ＰＨＰ文庫）がある。

英語の基礎は、中学英語でほぼ身につく

グローバル化が進む昨今、英語は欠かせないスキルになりつつあります。しかし、学校を卒業して以来、英語を勉強せずに40代を迎えるビジネスパーソンは数多くいます。危機感はあるものの、忙しさや記憶力の低下を理由に、英語へのコンプレックスを抱えたまま、習得を諦めてしまっている人もいます。

ただ、そもそも本当に「英語ができない」のでしょうか。私たちの多くは、中高6年間は英語に触れ、基礎は身につけてきたはずです。

実はそこで身につけた英語力は、思っているほど低くはないのです。たとえ学生時代に勉強したことをほとんど忘れているとしても、一度覚えたことは完全に消え去ることはありません。ポイントを押さえて復習し、その上に新たな知識を加えていくことが、英語を短期間で、効率的に習得する近道なのです。

とはいえ、40代はとにかく時間がありません。中間管理職ともなればひとしおでしょう。そのため、効率的に英語を習得する勉強法が求められます。

では、それはどんな勉強法なのか。そこでお勧めしたいのが、「中学英語」のやり直しです。というのも、英語の基礎は中学の時点でほとんど学んでいるからです。高校英語は、その知識を応用するだけと言っても過言ではありません。

とくに、多くの方が苦手意識を抱きがちな文法は良い例です。実際に必要とされるのは、「be動詞＋動詞のing形」や「have＋過去分詞」といった時制、「which や who、that節」といった関係代名詞くらいですが、これらはすでに中学で習っていることばかり。高校で学ぶことはそれを複雑にしたものにすぎません。

さらに言えば、日常的な英会話においては、関係代名詞すらほとんど使われません。**中学英語の中でも、ごく限られた文法のエッセンスを知っているだけでほとんど間に合う**のです。英会話にかぎって言えば、中学英語の文法ですら、すべてをおさらいする必要はないのです。

勉強法を「一を聞いて十を知る」

それでも、本当に中学レベルの英語を学び直すだけで大丈夫なのかと疑う方は多いのではないでしょうか。

とくに、大学受験時に大量の英単語やイディオム、頻出表現を丸暗記していた人ほど、中学英語だけで対応することに不安を感じる傾向があるようです。

しかし、**40代からは勉強法を根本的に変えるべき**です。必要なのは社会人経験や論理的思考力を駆使し、答えを推測していく「一を聞いて十を知る」勉強法。たとえば、英単語を覚える場合は、語源を通して覚えるようにすると、より効率的です。また、単語の意味を、全体の文脈から類推する習慣をつけておくと、未知の単語に出合ったときでも、意味を推察することができます。

たとえば、多くの企業で受験が求められているＴＯＥＩＣテストですが、ここで出題されるのは、会議や交渉・仕入れの一場面、経理の書類など、ビジネスシーンに関連する問題がほとんど。社会人経験があればあるほど、いくつかの言葉を理解するだけでその場の状況が理解でき、会話の内容を推測することができるのです。むしろ、英語力が高くとも社会人経験がない人のほうが、状況や話の内容を把握するのが難しいはずです。

また、ビジネスメールをはじめとしたビジネス文書においては、会話と違って関係代名詞が頻繁《ひんぱん》に出てきます。

ただ、それは一番大切な用件に対して、細かな条件を追加するという使われ方がほとんどなのです。それさえ知っていれば、たとえわからない単語があったとしても、どの用件に対してどんな条件を追加しているのか、経験から類推することができるはずです。このように、中学英語の基礎知識に加え、「大人の知恵」を働かせて内容を類推することで、知識不足はある程度カバーできるのです。

むしろ、40代以降に英語を学び直すほうが、ビジネス英語については習得が早いとすら言えるでしょう。

大人の英語勉強法 3つの必須ポイント

それでも、あくまで中学英語は基礎。いくら「大人の知恵」である程度カバーできるとしても、次のポイントを守って勉強し続けなければなりません。

１つ目は、**具体的な目標設定**。たとえば、ＴＯＥＩＣテストのスコアが現時点で４００点なら、次は４５０点を目指すなどといったものです。目標があればこそ、それを実現するための具体的な勉強法が見えてきて、自ずと勉強する習慣も身につきます。

2つ目は、**「勉強以外の英語」に日頃から触れるようにする**こと。英語の習得にはやはり「量」も必要ですが、忙しい中、時間を作るのはなかなか難しいものです。そこで、趣味の時間にもなるべく英語に接するようにしましょう。たとえば、サッカーなどのスポーツが好きな人は、海外のスポーツ新聞を読むなど、好きなジャンルの英語に積極的に触れるのです。

また、「Asahi Weekly」などの英字新聞を購読するのもお勧めです。社会の動きをとらえながら英語の勉強もできるという、まさに一石二鳥の教材です。

そして最後は、**英語の文法を体系的に学び続ける**こと。英語の基礎である文法に関してはとくに、学び続けないと使いこなすことが難しいからです。

とはいえ、分厚い文法書を購入し、内容をすべて頭に叩き込むのはむしろ学習効率が低い。最初にも言ったように、目標とすべきは「中学レベルの英文法をマスターする」で十分なのです。

中でもとくに押さえておいてもらいたいポイントについて、219ページ以降の巻末付録でまとめています。ぜひ、参考にして今後の英語学習に役立ててください。

Column

40代から英語力を伸ばす「演説のシャドーイング」

小池氏の知人に、40代から英語の勉強を始め、実力を急激に伸ばした人がいるという。

「彼は商業高校で簿記や会計を教えていたのですが、会計の国際化に伴い、商業英語の授業も担当することになったのです。そこで40代から英語の勉強を始めたのですが、ある方法を用いたことで実力を急激にアップさせたのです」

その方法とは「演説のシャドーイング」だ。

「彼は、アメリカの人権活動家であるM・L・キング・ジュニアの有名な演説『I have a dream.』を何度も聴いて完璧に暗唱することで、英語力がアップしたと言います。それも、本人になったつもりで練習したというのです。

彼は校長定年退職後、アメリカで経営学を学ぶために留学し、67歳で卒業し、来年3月に帰国予定です」（小池氏）

人前で話す機会の増える40代。演説のシャドーイングは、英語力と演説力を同時に鍛えられるという意味でも有効だろう。

勉強時間外も英語に触れる！
お勧めの英語教材

「Asahi Weekly」

ニュースに触れながら英語を学習できる、一石二鳥の教材。英語放送のニュースと併用するのがお勧め。英字新聞は読むほどに語彙力がアップするので、音声もいっそう聞き取りやすくなる。また、音声で聞いて意味がわからなかった単語や表現があれば、紙面で改めて確認することもできる。リーディングとリスニングの相乗効果が期待できるのだ。

「VOA Special English」

アメリカの国営放送VOAが運営する英語ニュースサイト。その中に、「VOA Special English」という初級者向けの動画コーナーがあり、通常の半分くらいのスピードでニュースなどの原稿を読んでくれる。こうした動画サイトの利点は、聞き取れなかった部分を何度でもリピートできること。1つのニュースを完全に聞き取れるようになるまで、繰り返し聞くのが良い。

「Wikipedia（英語版）」

言わずと知れたインターネット百科事典。その内容の信憑性はともかく、ありとあらゆる分野の情報が掲載されているので、自分が関心のあるテーマの記事もきっと見つかるはず。興味のある分野の記事を読むことで、楽しみながら効率的に英語を習得することができる。英文の意味がわからないときは、言語を日本語に切り替えて読めば読解の助けになる。

時間がある若者と同じ勉強法を選んではいけない！

40代でゼロから英語を身につけた社長の「ブロック式英語勉強法」

40歳でほぼゼロから英語を学びはじめ、わずか10カ月で会話力を獲得。現在はその英語力を活かして世界各国でビジネスを展開する藤岡頼光氏。その驚異的な上達を可能にした「ブロック式英語勉強法」の秘訣とノウハウをうかがった。

Profile

㈱QQ English CEO

藤岡頼光《らいこう》

1965年、埼玉県生まれ。87年、バイク便のキュウ急便を設立。2000年、バイクショップのコネクティング・ロッドを設立。05年、フィリピン・セブ島に留学後、09年、オンライン英会話事業のQQイングリッシュを開始。11年には留学事業も開始。近著に『40歳を過ぎて英語をはじめるなら、TOEICの勉強は捨てなさい。』（ディスカヴァー携書）がある。

写真：長谷川博一

必要性のある能力だけを積み重ねていけばいい

「英語の勉強なんて今さらムリ」と考える40代は多いだろう。学校で学んだのははるか昔。記憶力も、聞き取る力も衰え、そして何よりも時間が取れない……。できない理由を挙げはじめればキリがない。しかし、「それらのハードルはすべてクリアできる」と藤岡氏は語る。

「確かに、万遍《まんべん》なく英語力を身につけようとすれば、時間が足りないと思います。しかし、40代には、これまでに培《つちか》ったキャリアと専門性があります。**仕事で求められるのは、その専門分野で英語を使うこと**でしょう。自分に必要な英語だけを集中的に学習すれば、短期間で習得することができます」

その考え方に基づいて藤岡氏が提唱しているのが「ブロック式英語勉強法」だ。英語の勉強を、コップの中に水をためていくイメージでとらえてみよう。コップが満杯になると「英語が使える」レベルに達する、と考える。

通常の英語勉強法では、語彙《ごい》、文法、リーディング、リスニング……と、英語で必要なさまざまな能力をコップに注ぎ込んで、水位を上げていく。これに対して、**必要な能力だけをブロック（氷）にしてコップの中に積み重ねていくのが「ブロック式」**だ。

「コップの中にはスキマができますが、そこは『使わない部分』なので問題ありません。むしろ、スキマを作ることで、早くコップの縁《ふち》の上に達することができるわけです。

たとえば、文法の正確な知識はTOEICで高得点を取るためには必要でしょうが、仕事で外国人とコミュニケーションを取るうえでは重要ではありません。だから、TOEICなどの試験を受けることが目的でなければ、時間を割《さ》いて勉強しなくてもいい、というのが私の考えです」

わずか10カ月で不自由なく話せるように！

この考え方は藤岡氏自身の経験に基づいている。もともと英語とはほぼ無縁で、苦手意識すら持っていたという藤岡氏が英語の勉強を始めたのは、40歳のときだった。

「私はバイクが好きで、あるイタリアのバイクに魅せられたのです。そのバイクを輸入したいと強く思いました。そのためには、製造元の会社の経営者と話をしなければならない。そのために英語が必要になったのです」

そこで、多忙な仕事の合間を縫《ぬ》って、フィリピンのセブ島に語学留学。しかし、現地では試行錯誤の連続だった。

「マンツーマンで会話を習いはじめたものの、まったく話が通じない。思えば当然です。知っている単語や熟語がほぼゼロだったのですから。最初に基礎となる部分をインプットしなければ、アウトプットはできません」

帰国してからインプットのための教材を探したときに出合ったのが『ＤＵＯセレクト』という本だった。これが、藤岡氏が「コップ」に入れた最初の「ブロック」となった。

「この本には３７７の短いセンテンスが掲載されています。しかも、重複する単語や熟語がいっさいないのが特長。この本を使えば、最低限必要な表現を、最短で身につけられると考えました」

それからは時間を惜しんですべてのセンテンスを丸暗記。１００回も２００回も反復して身体に刻み込んだ。

「３７７のセンテンス全部を音読するのにどれだけの時間がかかるかを計りました。そして、その時間を少しでも縮めることを目標にしました。ゲームの要素を取り入れて、楽し

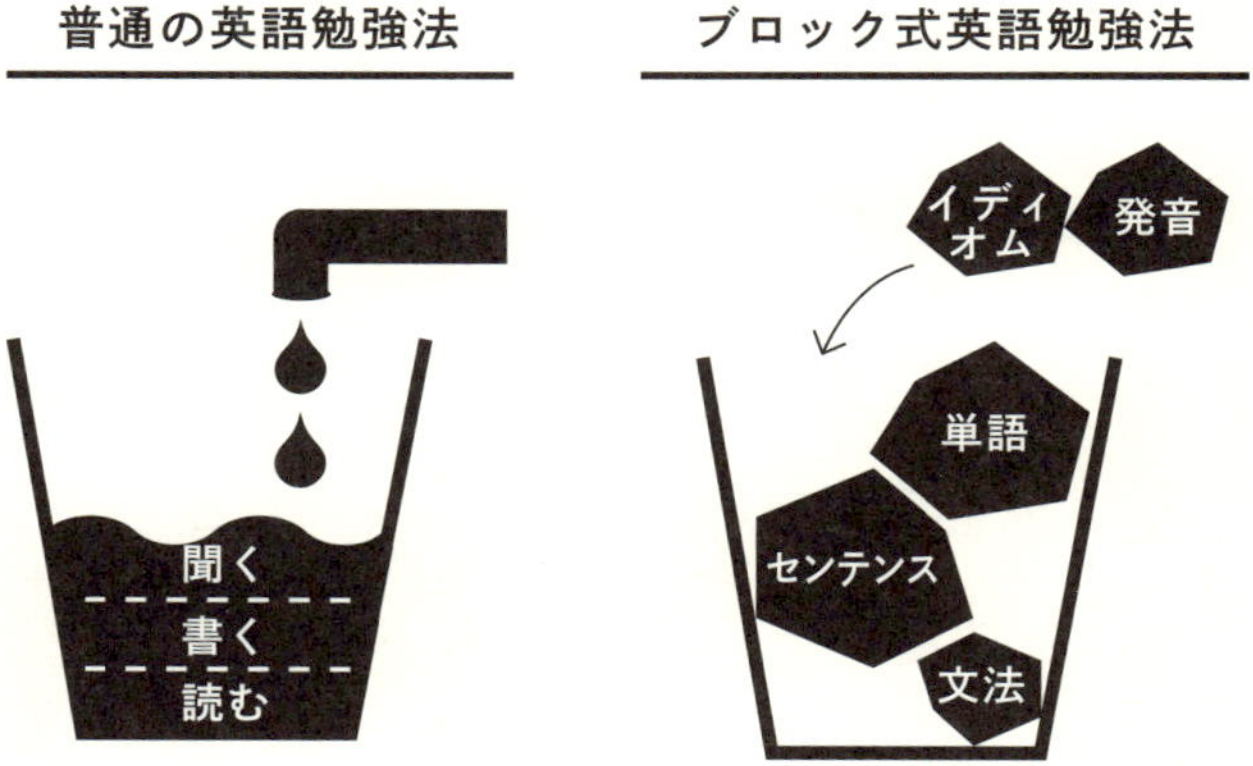

コップに水をためるように万遍なく英語を勉強するより、
氷（ブロック）を積み上げるほうが、早く習得できる！

く覚えるための工夫です。

それと並行して、覚えられないものは何度も文字で書いたり、歩いているときも絶えず口に出したりと、時間ができれば、すべて暗記につぎ込みました」

自分が使いたいセンテンスが例文として載っている教材を1冊選び、徹底的に覚える。これを最初に「コップ」に入れる「ブロック」にすることが成功の決め手だと藤岡氏は話す。

「最低限とはいえ、少なくとも２００センテンス以上をインプットする必要があります。そのためには時間も気力も必要ですが、そこは学びはじめのモチベーションの高さを利用して乗り切りましょう」

これによって、藤岡氏はわずか10カ月で英語講師と不自由なく話せるだけの会話力を身につけた。

「『通じた！』という経験をすると、俄然《がぜん》、楽しくなります。そして、もっと英語で伝えたくなる。こうして新たなモチベーションが生まれてきたら、あとは簡単です。スキマ時間を使って、コップに『小さいブロック』を入れていけばOKです」

「小さいブロック」とは、実際の場面で使う英語の表現のことだ。

「自己紹介用、商談用、プレゼン用など、必要となるシーンごとのセンテンスを用意して、移動中などに集中して暗記する。会話をしていて通じないところがあれば、そこも、その都度《つど》、補強しましょう」

正確に話すより リズム良く口に出そう

藤岡氏の英語勉強法のもう一つの特徴は、**「応用しない」**ということだ。

「私は『DUOセレクト』を覚えるとき、見出しになっている例文だけひたすら反復して、解説や類語などは読み飛ばしました。あわせて覚えたほうが応用力がつくという意見もありますが、最初の暗記はできるだけ負担を減らすことが大事。頭をできるだけ使わず、身体で覚えるほうが得策です」

実際に会話をする場面でも、最初は覚えたセンテンスをそのまま使い、時制などの細かい部分をアレンジすることはしなかったそうだ。

「ですから、文法的には間違いだらけ。でも、キーワードが合っていれば、言いたいことはわかってもらえます。

正確な文法で話すことより、リズムに乗って話すことのほうが、コミュニケーションではるかに大事です。覚えたセンテンスをそのまま、考えずに口に出すことで、スピーディでスムーズなコミュニケーションができます」

こうして実践の場数を重ねていくと、応用力はあとからついてくると藤岡氏は話す。

「会話をする中で、主語を変えたり、別の表現に置き換えたり、といったことも、あとからできるようになってきます。今は、『DUOセレクト』で覚えた377のセンテンスを基礎に、適宜、組み換えたり、ときに他の表現を加えたり、という方法で話しています。周囲には流暢《りゅうちょう》に話しているように見えるそうですが、中身は実にシンプルなのです」

私たちはこう勉強しています！

「40代で英語を身につけた人」が選んだ勉強法とは？

実際に40代で英語を身につけた人たちは、どういう勉強法を選んでいるのだろうか？　ここでは、さまざまな業種・職種の9人にインタビューで聞いてみた。自分に合った勉強法を見つける参考にしていただき、ぜひ取り入れてみていただきたい。

私の英語勉強法①

「1冊丸暗記」でとにかくフレーズを覚え込む

株式会社VAインターナショナル 企画部 部長　田中 恵さん（40）

ＰＲ会社に勤める田中さんのクライアントの４割は外資系企業。日本企業でも、海外での記者会見などをセッティングしてほしいという要望が多いそうだ。

「以前から仕事で英語を使う場面はあったのですが、なんとかごまかしてきました（笑）。でも、30代後半になってくると、部下もみんな英語ができるので、『英語ができない』と言うのが恥ずかしくなってきたんです」

仕事で使うフレーズなどを社内の英国人に教えてもらうとともに、スマホに音声教材を入れて通勤中に聞いたりもしている。

「**『場面別　会社で使う英会話』というＣＤつきの本を１冊丸ごと暗記もしました。**紙に書き写しながら覚えましたね」

勉強時間の確保には苦労しているそうだが、海外出張や国際展示会など、英語を使う仕事の前には集中的に勉強をしている。

「それでも、英語の文章がそのまま頭に入ってきて理解できるようになるなど、英語力が高まっているのを実感しています」

私の英語勉強法②

「英語字幕つきの洋画」でトレーニングを

日本たばこ産業株式会社 お客様満足推進室 部長 中田耕平さん(46)

1999年にRJRナビスコ社から米国外のたばこ事業を取得したのを皮切りに、グローバル展開を加速させてきたJT(日本たばこ産業)。同社に勤める中田さんは英語が苦手だったため、その流れの中で危機感を抱いたそうだ。

「会社の制度を利用したり、自分でも教室に通ったり教材を買ったりして、英語の勉強をしてみました。でも、続きませんでしたね。外国人の同僚からの英文のメールに返信するのに、社内で通訳をしている人の助けも借りながら、24時間もかかっていました」

本格的に勉強をしたのは3～4年前のこと。集中的に英語の勉強ができる機会を会社が提供したことがあり、そのチャンスを利用したのだ。

「英国に行って勉強することができたのですが、最も効果的だったと感じるのは洋画のDVDを繰り返し観ること。最初は日本語吹き替えで観て、次に日本語字幕つき、その次に英語字幕つきで観るのです。そして最後は字幕ナシ。ストーリーがわかってから英語で観ることがポイントです。

とくに**英語字幕つきで観るのが勉強になりました**ね。英文を見て瞬間的に意味を理解するトレーニングになりましたから」

もう一つ、効果的だったと感じているのが多読だ。

「滞在しているうちの3週間、ビジネススクールに通いました。その間に、段ボールひと箱ぶんの英文を読まなければならなかった。知らない単語があっても、辞書を引いている時間がありません。斜め読みなのですが、おかげで英語を語順どおりに理解できるようになりました」

語順どおりに理解できるようになると、英語を聞き取る能力も上がったそうだ。

「正しい文法で話したり書いたりすることは今でも得意ではありません（笑）。でも、外国人とのコミュニケーションを楽しめるようになりました」

私の英語勉強法③

英語教室の講師とスタッフをとことん活用する

外資系メーカー勤務　大久保裕之さん（41）

外資系である今の会社に10年前に転職したとき、「外資系に勤めるのだから、英語ができるようになりたい」と思った大久保さん。しかし、本格的に英語の勉強に取り組むことは、なかなかできなかった。

「自分で教材を買ってきてやろうとするものの、すぐに挫折する、ということを繰り返していました」

このままではいけないと思い、「多少お金がかかってもいいから、マンツーマンの英語教室に通おう」と一念発起。2年前に『ワンナップ英会話』の品川校（東京）に通いはじめた。以後、英語で伝えるスキルが格段に向上した。仕事で英語の資料を作るときも、以前は日本語で考えてから英訳していたが、いきなり英語で書けるようになったそうだ。「伝えたいことを伝えることは、かなりできるようになり、今は、より的確に伝えるスキルを磨きたいと思っています」

英語教室を利用するメリットはネイティブスピーカーの講師のレッスンを受けられることだが、大久保さんはただ受け身でレッスンを受けているだけではない。

「レッスン中、私がしゃべったことを講師が文字に書き起こし、それを添削してもらうのですが、それにより『時制や冠詞の使い方を間違えやすいんだな』などと、自分の課題を自覚できます。その点を克服することを意識しながら勉強していますね。

また、会社で英語でのプレゼンをする必要があるときに、資料を講師にチェックしてもらうこともあります。**決まったテキストに沿ってレッスンを受けるのではなく、講師を徹底的に『活用』している**のです」

大久保さんが活用しているのは講師だけではない。「アドバイザー」と呼ばれる日本人スタッフも同様だ。

「私はジムにも通っているのですが、トレーナーがいるから継続できるのを実感しています。アドバイザーは、英語の勉強におけるトレーナーのような存在。レッスン3回につき

１回くらいの頻度で、30分～１時間、英語の勉強の仕方について相談をしています。英語を苦労しながら勉強して、ＴＯＥＩＣで９００点以上を取った人が務めているので、実践的な助言をくれるんです。せっかく通うなら、英語学校をとことん活用すべきですし、それに応えてくれるところを選ぶべきだと思います」

「仕事で使えれば」と思っていた英語だが、実際には趣味で使う場面が多いそうだ。そのことが、英語を勉強するモチベーションにもなっている。

「私はランニングが趣味で、海外の大会の情報を集めたり、現地に行って参加したり、ＳＮＳで海外の同じ趣味の仲間とやり取りをしたりするのに使っています。好きなことだから『もっと英語を使いたい』と思う。仕事の義務感だけでは、こんなに続かなかったかもしれません」

私の英語勉強法④

知らない単語は「画像検索」してイメージで覚える

外資系企業勤務　土井博子さん（48）

現在、土井さんが勤めている会社では、業務に使う言語は英語。土井さんも日常的に英語を使って仕事をしている。しかし、２０１３年に入社したとき、ＴＯＥＩＣの点数は５３０点だったという。

「入社した初日に受けた研修から全部英語で、何を言っているのか、わかりませんでした」

以前は日本企業に勤めていたが、トップダウンで、とくに女性には裁量が与えられない会社だったそうだ。

「『この会社に骨を埋めていいのだろうか？』と疑問を持って、転職活動を始めました。そのとき、条件面のこともあって、外資系企業への転職を考えるようになったのです。エージェントからも、性格的に外資系が合っているのではないかと言われました」

そこで、転職活動と並行して、12年から英語の勉強を始めた。最初は米国に短期留学をしたことのある知人のレッスンを受けたが、約１年後に受けたＴＯＥＩＣの点数は先述の５３０点。そのまま今の会社に入社することになった。

「専門性を評価してもらっていて、成果物も出していましたから、１年目は上司から『英語については長い目で見るよ』と言ってもらっていました」

土井さんの英語力が向上したのは、英語漬けの環境に身を置いたからだ。

会社では強制的に英語に触れることになる。はじめの頃は、相手の話すことがわからず、「Email later!」と言ってその場を去り、時間をかけてコピー&ペーストで作った英文をメールで送ったりもしていたそうだ。

社外でも、毎週土曜日と日曜日の午後4~8時に、ネイティブスピーカーを囲んでフリートークをする教室に通った。さらに、そのネイティブスピーカーに、月に一度、マンツーマンでレッスンを受けた。

その成果が表れて、入社2年目には英語力の向上が感じられたという。メールの文章を自分で組み立てられるようになり、以前に自分が書いた英文が変なものに思えるようになった。

「テレビ番組や映画を英語で観たりはしましたが、英語教材を買って勉強することはしませんでした。つまらなく感じるんですよね。私の場合は、**日本語に触れないようにして、とにかく実地で英語を使う方法が向いていた**んだと思います」

とはいえ、単語を覚えるには、インプット型の勉強をする必要があるのではないだろうか。そう尋ねると、ユニークな単語暗記法を教えてくれた。

「知らない単語があったら、それをグーグルで画像検索するんです。そこでヒットした画像をプリントアウトして、目につくところに貼っておく。すると、単語をイメージで覚えられます」

私の英語勉強法⑤

外国人観光客を自宅に泊めて英語漬けの日々を作る

会社員　楠田誠一さん（48）

楠田さんが英語を勉強し直そうと思ったのは、2010年、楽天やファーストリテイリングが英語の社内公用語化を発表したときだ。

「仕事で英語を使う機会はなかったのですが、『これからは英語ができないと仕事がなくなるのではないか』と思いました」

危機感を抱いたものの、具体的な行動に移したのは2年ほどあとになってからだった。

「『カウチサーフィン』を知ったのです。これなら、お金をかけずに、毎日、英語漬けになれると思い、さっそく登録しました」

カウチサーフィンとは、海外からの旅行客（ゲスト）と、ゲストを無料で自宅に泊めるホストとをマッチングするオンラインサービスだ。登録して間もなく、米国の大学生から「泊めてほしい」という連絡があった。

「彼はネイティブスピーカーですし、大学生だから元気で早口。何を言っているのか聞き取れませんでしたね（笑）」

それでも、楠田さんはゲストを受け入れ続けた。多いときは週に3組も泊まったという。「家に帰ると会話はすべて英語」という環境に身を置いたわけだ。

「実は、英語圏以外からのゲストのほうが多いんです。**お互い非ネイティブだから、ゆっくりとした速さの英語でコミュニケーションが取れた。**それが英語力を磨くことになりました。

ゲストが宿泊するまでのやり取りはメールでするので、読み書きの能力も上がりました」

楠田さんは、今も仕事では英語を使っていない。しかし、当初は予想していなかった楽しみを得られたという。

「まず、世界の動向を身近に感じられるようになりました。それから、日本のことにも詳しくなった。**『お寺と神社はどう違うんだ』などと聞かれて、外国人にわかるように説明するのはけっこう難しい。**時間をもらって、調べて、英訳することを繰り返すことで、英語力も向上し、日本への理解も深まりました」

私の英語勉強法⑥

実用的なフレーズをひたすら聞き込み、音読する

藤田観光株式会社　仙台ワシントンホテル　営業課長　加松武治さん（47）

２０１３年12月にオープンした仙台ワシントンホテルでフロントやレストランなどを統括している加松さん。英語を身につけることは、仕事上、重要だと話す。

「16年度に訪日外国人が２０００万人を超えたことが話題になりましたが、東北地方にいらっしゃる外国人観光客はまだ少ない状況です。しかし、これからどんどん増えていくでしょう。外国人観光客をおもてなしするために、英語ができるようになる必要性がますま

す高まっているのです」

フロントに立つことも多く、外国人の宿泊客などと簡単な英会話を交わすことはあったものの、社会人になって以来、英語とは縁遠くなっていたという。

「これではいけないと思い、会社が社員の自己啓発のために英語の通信教育講座を用意しているので、それを利用して、スキマ時間に勉強することにしました。

内容は、テキストとCDを使って、ホテルでお客様をおもてなしするさまざまなシーンごとに、英語のフレーズを学ぶものです。**覚えたらすぐに仕事で使えるので、学生時代に勉強したときよりも、身につくのが早かった**ですね。

学校では、中学生のときから英語は得意科目だったのですが、今から思えば机上の勉強にすぎませんでした（笑）」

とくに力を入れたのが、音読をすることだった。

「ホテルの仕事では、相手が話していることが聞き取れなければ、英語が使えることにはなりません。ですから、耳を慣らすために、CDを聞き込みました。

それとともに、人間は自分が発音できる音でなければ聞き取ることができないので、ひたすら音読をして、発音できるように練習したのです」

努力の成果で、外国人観光客にお勧めの飲食店を案内するなど、仕事で実際に英語を使える場面が増えてきているそうだ。

私の英語勉強法⑦

とにかく発音。「Siri」も活用して英語の耳を作る

株式会社ウフル　ＩｏＴイノベーションセンター　マネージャー　松浦真弓さん（42）

松浦さんは、株式会社ウフルが約1年前に立ち上げたＩｏＴ専門の部署で働いている。ＩｏＴビジネスについてクライアントに説明をしたり、パートナーコミュニティの運営や講演などの啓蒙活動をしたりするのが仕事だ。

「ＩｏＴについての情報は英語のほうが圧倒的に多いし、スピードも速い。**英語が使えるようになることで情報収集の幅が広がりました**」

実は、松浦さんはもともと英語に苦手意識を持っていた。20代の頃は英語を使う仕事をしていたが、それがイヤで転職を考えたこともあったほどだ。

「勉強し直そうと思ったきっかけは、ウフルに転職した直後、米国で開かれた日米先端工学シンポジウムに招待されたこと。英語でプレゼンをして、質疑応答に対応する必要があったのです」

現在、とくに発音の矯正に重点を置いた英語教室に通っている。レッスンは毎週月曜日の朝7～8時だ。

「『black and white』のandは『ん』という音になる、というような、発音のルールを学んでいます。正しく発音ができれば、自然と聞き取れるようになります。ディクテーションをしたり、ジョブズのスピーチの一部を暗唱したりもしています」

音声教材をiPhoneに入れて通勤中に聞いたり、スクリプトつきで音声を聞けるアプリを使ったりもしている。

「発音を一人で確認するには、iPhoneのSiri（音声認識機能）を使っています」

16年6月の米国に続いて、同10月にはバルセロナでのフォーラムにも参加し、取材をこなした。

「20代の頃は英語が苦手でしたが、英語を使って世界中の人と専門の話ができる楽しさを知りました。目指すのは、自分の仕事の分野では、英語でもプロフェッショナルでいること。だから、勉強を続けられているのだと思います」

私の英語勉強法⑧

毎日、入浴中に簡単な英語の本を音読する

ビリオネアクラブ　オーガナイザー　中島健一さん（42）

会員制不動産投資クラブ『ビリオネアクラブ』の主宰者の一人でもある中島さんは、フィリピンでの不動産業や飲食業などをはじめ、国内外で事業を展開するビジネスパーソンだ。海外の銀行との交渉も通訳を交えずに英語でしているが、もとは「ドメスティックな人間」だったという。

「30歳で香港に観光で行ったのが、初めての海外でした。そのときは、『Yes』と『No』と『Beautiful!』くらいしか言えなかった（笑）。泊まったホテルのフロントの女性と話したかったのに、何も言葉が出てこなかったんです。悔しかったですね」

そこで英語教室の門を叩いたものの、基礎があまりにもできていないので、役に立たな

かったという。そこで、基礎から本格的に勉強を始めることにした。

「海外旅行によく出かけるようになったのですが、**旅先ではいっさい日本人と話さず、トラベル英会話の本に載っている英文を覚えて、現地の人に話しかけていました**。すると相手は何か答えますから、それを覚えて自分でも使ってみる。そうやって徐々に使える英文を増やしていきました」

とはいえ、英語の勉強は継続が重要。毎日、英語に触れるために、ペンギンリーダーズなど、簡単な英語で書かれた本を入浴中に読むことを習慣にした。

「知らない単語が1ページに3つ以下の本を、何度も音読することが重要だと思います。発音できるようになれば、聞き取ることもできるようになりますから」

単語については、わざわざ暗記しようとはしなかったという。

「知らない単語が目についたら、その場ですぐにケータイで調べました。すぐ忘れるので、また調べる。何回調べても忘れるので、また調べる。普通は、『覚えられない自分はアホだ』と思うのかもしれませんが、アホだということを受け入れて何度も繰り返すことが大切だと思います」

私の英語勉強法⑨
楽しみながらNHKラジオ講座を何度も繰り返し聞く

タクシードライバー　村木正和さん（53）

高校生のとき以来、英語が嫌いだったという村木さん。ただ、「英語は耳を慣らせば聞き取れるようになる」という体験をしたことがあるという。

「30代の頃、趣味で**ドライブをしているときに、BGM代わりにラジオで米軍基地が放送するAFNを流していたん**です。すると、そのうちに天気予報がわかるようになり、そしてある日、ソニーの盛田昭夫さんの訃報《ふほう》が英語だけで理解できた。『聞き続けているだけでも、わかるようになるものだな』と思いました。

その後、AFNを聞かなくなって、2009年にふとNHKの『基礎英語2』を耳にしたら、ほとんど聞き取れない。『中学2年生レベルの英語もわからなくなったのか！』とショックを受けました」

そこで、『基礎英語1・2・3』と『ラジオ英会話』を続けて聞いてみたところ、『ラジオ英会話』が面白いと感じたそうだ。

「聞き取れなくても、内容が面白いのです。たとえば、米国で定番のサンドイッチの中身の話や『pass away（亡くなる）』『expected（妊娠・おめでた）』などの婉曲《えんきょく》表現、日本語の薬指は英語で『ring finger』と言うなど、英語の表現の向こうにある英米の文化に興味を持ちました」

『ラジオ英会話』のテキストを買って放送を聞き、気になった表現は手帳（写真）にメモして、何度も見返した。これを1年ほど繰り返していると、かなり聞き取れるようになったという。そこで、よりレベルの高い『実践ビジネス英語』も聞くようになった。

「こちらは**聞き取るのが難しいのですが、社会的な問題や異文化について扱っているので、やはり面白い**。試験のために英語を勉強しているわけではないので、完璧にする必要はないんです。急がずに楽しむことが継続のコツだと思います」

村木さんは雑学が好きなので、英語を使うと、より幅広く雑学が集められることも、勉強のモチベーションになっている。

「たとえばドイツのある音楽グループについてウィキペディアで調べようとすると、日本語版にはなくて、英語版にしかなかったりするわけです。個々のメンバーについては英語版すらなく、ドイツ語版しかないこともある。すると機械翻訳を使うしかありませんが、日本語に翻訳するよりも英語に翻訳するほうが、精度が高い」

もちろん、タクシードライバーの仕事でも英語を活用できるようになった。外国人の乗客と「高速道路を使いますか?」「羽田空港の、どのゲートですか?」といった会話がスムーズにできるようになった。

「**語学は通じればそれでいい。**いい加減なのかもしれませんが、そう思ってやっていますよ(笑)」

40代からは「単なる試験対策はしない」

時間がないビジネスパーソンのための一石二鳥のTOEIC勉強法

昇進などのためにTOEIC受験を避けて通れないビジネスパーソンも多くいるが、「TOEICの点数と使える英語は別物」とも言われる。TOEIC対策も、実用的な英語も、どちらも勉強するとなると大変だ。時間のない40代としては、一石二鳥の勉強をしたいところ。その方法を、TOEICに特化した英語教室を主宰する花田徹也氏に教えていただいた。

Profile

㈱花田塾代表取締役社長
花田徹也

1971年生まれ。ビジネス・ブレークスルー大学経営学部専任講師。南カリフォルニア大学卒業。コミュニケーション学を専攻し、帰国後は三菱商事を経て、英語教育に従事。現在は東京でTOEIC特化型スクール「花田塾」を主宰する他、国立大学での授業や企業向けの研修などを幅広く手がける。TOEIC満点。著書に『1駅1題 新TOEIC® TEST文法特急』『新TOEIC® TEST文法特急2 急所アタック編』（以上、朝日新聞出版）、『TOEIC® テスト超リアル模試600問』（コスモピア）などがある。

「TOEICとハサミは使いよう」

ＴＯＥＩＣで高得点を取っているのに、実際の仕事で英語が使えない人は、ただ高得点を取るためのテクニックだけを磨いたのでしょう。でも、取り組み方を変えて有効活用すれば、**実践で使える英語を身につけるのに、TOEICはきわめて優れた学習教材になる**のです。

たとえば、ＴＯＥＩＣのリスニングでは、米国、カナダ、英国、豪州という４種類の英語の発音に接することになります。これだけバリエーションに富む音声教材は、他にはなかなかありません。グローバル化が進む中で、豪州やニュージーランドといったオセアニア方面の人とも、今後、ビジネスで接する機会は増えるでしょう。オールラウンドなリスニング力を養ううえで、ＴＯＥＩＣは大いに役立ちます。

リーディングにおいても、ＴＯＥＩＣで出題されるのは見本のようなきれいなビジネス英語ばかり。そのまま拝借してビジネスで使えます。ＴＯＥＩＣの学習を通じて、使える英語をどんどんストックできるわけです。

このように優れた学習教材であるＴＯＥＩＣなのに、「使える英語とは別」と言われてしまいがちなのはなぜなのか。

一つは、受験者に時間の余裕がないからでしょう。たとえば「８００点以上を取らないと部長になれない」と会社に言われて、忙しい中、とりあえず点数だけを取ろうとする。その結果、英語の勉強ではなくテクニックの習得に走ってしまう、というようなケースが多いのだと思います。これでは、使える英語が身につかないのは当然です。

もう一つは、「ＴＯＥＩＣはリーディングとリスニングが中心のテストで、スピーキングとライティングはテストできていない」というイメージがあるからでしょう。

しかし、実際にはスピーキングとライティングの試験も別途受けられますし、私の指導経験では、ＴＯＥＩＣで問われるリスニングやリーディングの力と、スピーキングやライティングの力には密接な相関関係があります。**聞くのが得意な人は話す能力も高いですし、読む能力が高い人は表現のストックができている**ので、英文メールを書くような場面でもスムーズに言葉が出てきます。

私はよく「ＴＯＥＩＣとハサミは使いよう」と言うのですが、ＴＯＥＩＣという学習教材を活かしてしっかりと勉強すれば、同時に「使える英語」が身につくのです。

TOEICは疑似英会話の教材として最適！

では、具体的にどのように勉強すれば、TOEICを「使える英語」の学習教材として活用できるのでしょうか。

大事なことは「答えあわせをしただけで終わらせない」ことです。試験勉強である以上、時間を計って問題を解き、答えあわせをして採点するのは最低限必要。ただ、英語力をつけるという観点からすると、さらに、その先でどう復習するかがとても大事なのです。

たとえば、通勤時間などを利用して、リスニング問題の音声をBGMのように聞き流している人は多いと思います。この方法だと、自分が聞き取れる音や知っている単語だけを頼りに、ザックリと意味を取っているだけで、本来マスターすべき聞き取れていない部分は全部流れ落ちてしまいます。こういうリスニングに時間を使うのはムダです。

そうではなく、**1日に5分や10分でもいいので、「リピーティング」に取り組みましょう**。文字を見ない状態で音声を流して、キリの良いところで止め、口に出して真似するのです。これをやって初めて、自分がリピートできていない箇所＝聞き取れていない箇所がわかる。そこをケアしていかなくては、実力はつきません（リピーティングの詳しいやり方については次ページを参照）。

また、試験の問題が選択式だからといって、「選択肢から選ぶ」という勉強だけにとどめるのはもったいない。たとえばパート2のリスニングの応答問題なら、まず質問だけを聞いて音源を一時停止する。それを、自分にされた質問だと想定して「自分だったらこう答える」と考え、口に出して対話力を高めるのです。そのうえで、選択肢の音声を聞くことで、「なるほど、ネイティブはこういう答え方をするのか」という学びを得ることができます。TOEICは擬似英会話の教材としても使えるわけです。

パート6の空所補充問題も同様。ただ「ビジネスレターの4つの空欄を埋める」という勉強をするだけではなく、和訳を見ながら自分で英文を作ってみる。それをもとの問題文と比べると、「ネイティブはこういう表現を使うんだ」とわかります。英文添削と似た効果が期待できるわけです。

「聞く」「読む」を最終ゴールにせず、「自分で話せる・書ける」「使える」というレベルまで上げる勉強をすれば、問題を解くことなど容易です。使える英語を身につけるためにTOEICを活用することは、結局は高得点にもつながるということです。

more tips

ＴＯＥＩＣを「使える英語」の習得に活用するためのポイント

× リスニング教材をシャワーのように聞き流す
○ 「聞く→止めてリピート」の繰り返し

リピーティングは、自分が聞き取れない箇所（音）を洗い出し、なぜ聞き取れないのかを究明するのに有効。トランスクリプト（話されている内容を文字に書き起こしたもの）を見ながら聞くのはＮＧ。聞き取れているつもりでも、実は読んで理解しているだけということがあるからだ。少なくとも2～3回はリピーティングを試みてからトランスクリプトを見ると、「こんなシンプルな単語が聞き取れていなかったのか！」といった発見がある。

聞き取れない理由は、語彙力の不足ではなく、音の感覚のズレによるところが大きい。だからこそ、ネイティブの発音を真似して、音の感覚を磨いていくリピーティングが有効なのだ。正しく発音できない音は聞き取れない。もちろん、知らない単語だから意味が理解できなかったという場合も、リピーティングをしながらボキャブラリーを増やせばいい。

× TOEICで高得点を取るテクニックを学ぶ
○ TOEICの問題を活用して英語力を鍛える

以前のTOEICは、確かにテクニックだけで高得点が取れる形式だった。しかし、「ここ数年間は、テクニックでは太刀打《たちう》ちできないような出題の仕方をしています。**とくに、2016年5月からは新形式になって、テクニックでなんとかなる問題はかなり少なくなった**」と花田氏は言う。TOEICも、英語力を正確に測れるテストにするため、データを取りながら常に改善を繰り返しているのだ。

「たとえば、パート7の読解問題。かつては設問を先に見て、キーワードが本文にあるかどうかだけを確認すれば、パッと解けるような問題が多かった。今はきちんと全文を

読まないと解けない問題が多い。語彙力と文法の力、それらをベースにした速読力が試されます」（花田氏）

実力がないのにテクニックで乗り切ろうとする人は、もはや通用しないテストになったと考えていい。「とにかく得点が必要」という人も、結局はきちんと実力をつけるのが近道だ。

×　スコアアップだけをモチベーションの源にする
○　仲間や成功体験もモチベーションの源にする

試験である以上、スコアは自分の成長を測る正確な基準だ。とはいえ、TOEICのテストが実施されるのは月に1回程度。また、点数ばかりにこだわると、勉強の方向性が「使える英語」からズレていってしまう危険性もある。日々の勉強のモチベーションを維持するために、他にも支えがあったほうがいい。

手軽で効果的なのは、**SNSで勉強仲間を作り、毎日、「今日はこれだけ勉強した」**

と投稿すること。「今日は飲み会でサボった」という日も、それを投稿して自身を戒める。学習仲間の目を意識するだけで、やる気が高まる。

また、本文で紹介した擬似英会話トレーニングをある程度やったあとで、実際に英語を使うチャレンジをしてみるのもいい。

最近は、スカイプを使った格安のオンライン英会話が充実している。そうした場で、TOEICから学んだ表現が「通じた」「使えた」という成功体験をすれば、勉強のモチベーションが一気に高まるはずだ。

×　テキスト全体をざっと読み流す
○　章ごとにマスターするまで繰り返す

40代になると、記憶力の衰えを感じる人も多いはず。だが、「30歳でも50歳でも、記憶力にそれほど差はない」と花田氏は指導経験を踏まえて言う。

とはいえ、学生時代に比べれば暗記がつらくなっているし、学習時間も限られるのは事実。それをカバーするためには「覚える↓忘れる↓思い出す」のサイクルを何度も繰り返すこと。

「忘れたものを思い出そうとしたときに記憶が固まります。忘れた自分を責めるのではなく、忘れたあとのケアが大事です」(花田氏)

効果的に思い出すためには、**一度勉強したことを早め(できれば1週間以内)に思い出す機会を作る**こと。「1冊の本をとりあえず読み流す」という勉強法だと、思い出す機会がなかなかめぐってこない。そこで、たとえば「第1章だけを繰り返し勉強し、マスターできたら第2章に」というやり方が効果的だ。

40代からは「語彙を増やさない」

これさえあれば ほぼ通じる！ 「20の基本動詞」とは？

40代から英語を学ぶことのハードルを高くしていたのは、「まずは暗記で語彙を増やすことが必須」という思い込みだったのかもしれない。「実は、わずか20の基本動詞で『伝わる英語』の第一歩は踏み出せる」という斬新な方法論で注目されている、ビジネス英語学習のカリスマコンサルタント・佐藤洋一氏にお話をうかがった。

東洋大学経営学部
会計ファイナンス学科准教授

Profile

佐藤洋一

1983年生まれ。東京大学大学院総合文化研究科博士課程単位取得満期退学。現在、青山学院大学、明星大学、放送大学で非常勤講師を務めるかたわら、関東、関西、北九州圏を中心に、日本国内のグローバル企業で英語学習コンサルティングを行なっている。朝日カルチャーセンターの講座も好評。「教育復興フォーラム」主催。今年4月より現職。主な著書に『第二言語習得論に基づく、もっとも効率的な英語学習法』（ディスカヴァー携書）、『英語は20の動詞で伝わる』（かんき出版）などがある。

日本人は難しい単語を使いすぎだった!?

英語習得を決意したものの、「さて、何から手をつけたらいいのだろうか?」と迷っている人は多いでしょう。そんな人たちにお勧めしたいのが、まずは**中学・高校で習って知っている「手持ちの英単語」をいかに活用するかを考える**ことです。

たとえば、単語帳や辞書で「滞在する・駐在する」を調べると、reside や inhabit といった難しい単語が出てきます。高級で、ビジネスパーソンとしてふさわしい感じがする単語かもしれません。しかし、勉強を始めたばかりの人がこうした難しい単語を一所懸命覚えようとすると、挫折につながります。

しかも、ネイティブが実際にどういう単語を使っているかといえば、「stay at」とか「stay with」と言っていることが多いのです。stay という単語を知らない人はいないでしょう。

私は、博士論文のための研究で、英語でのミーティングを書き起こし、どのような単語が使われているのか分析したことがあります。その結果わかったことは、**ネイティブが使**

っている単語はそれほど難しくないということ。そして、日本人のほうがむしろ難しい単語を使っているということでした。ネイティブがseeとかplayといった誰でも知っている簡単な単語を使う場面で、日本人はobservationとかactivityといった単語を使っていたのです。

ですから、最初から難しい単語やフレーズを覚えるのではなく、まずは知っている単語をうまく活かすことで、自分の言いたいことを表現する練習をしましょう。**英語は言語学的には動詞中心の言語なので、とくに動詞が重要**です。誰でも知っているわずか20の基本動詞(次ページ参照)を活用するだけで、かなりのことが表現できます。この方法なら、挫折もしにくいのではないでしょうか。実際、企業で長年教えていて、この方法で英語嫌いを克服した人をたくさん見てきました。

英語の「つぶやき」で発信力を鍛える

20の基本動詞をフル活用するためには、「使い方」をマスターすることが重要です。辞書の見出し語に載っているような意味だけでなく、コアのイメージを知らなくてはなりま

20の基本動詞を「イメージ」で覚えよう！

①	**get**	(やっとの思いで)成し遂げる、手に入れる
②	**go**	(ここから)離れて他の場所へ行く
③	**come**	(人やモノ、話題などが)向こう側からこちらに来る、戻ってくる
④	**put**	(人やモノ、考え方を)変化させる
⑤	**have**	自分のテリトリーに大事に置く
⑥	**take**	自分のほうに置く、選択して〜する
⑦	**turn**	場所・状態が変化する
⑧	**give**	(人や何かが)モノを移動させる
⑨	**bring**	引っ張り上げる
⑩	**make**	なんらかの形を作る
⑪	**feel**	五感で感じる
⑫	**think**	思う、考えをめぐらせる
⑬	**hear**	聴覚で認識する、察知する、知覚する
⑭	**keep**	ある状態を維持する
⑮	**stay**	ある位置にとどまる
⑯	**try**	〜の動作をしてみる
⑰	**talk**	誰かと話をする
⑱	**tell**	誰かに何かを伝える
⑲	**speak**	音を(声に)出す
⑳	**meet**	人と人、モノとモノが会う

せん。たとえば、putは「置く」だと覚えている人がほとんどでしょう。しかし、コアとなるイメージは「(人やモノ、考え方を)変化させる」ということです。このイメージで覚えていると、砂糖をコーヒーに入れるのを「put in」と表現することを、違和感なく理解できるでしょう。

動詞だけでなく、inやonといった前置詞などのイメージも、最重要の8個をまずはしっかり覚えておきましょう(次ページ参照)。20の基本動詞にくっつけて使うことで、動詞の活用の幅を広げることができます。

そして、もう一つ、必要な発想の転換があります。それは、**「日本語で考えたことを英語にしよう」としないこと**。絶対に語彙が不足するからです。

「20の基本動詞を使って、自分が言いたいことを表現できないか」と考えるクセをつけましょう。これができれば表現力が飛躍的に上がっていきます。

具体的には「つぶやきトレーニング」がお勧めです。自分の今の状況を、英語でつぶやいてみるのです。その際に、20の基本動詞で言えないかを考えること。たとえば、朝、コーヒーを淹《い》れながら「I make some coffee.」とつぶやく、といった感じです。

SNSでつぶやくのもいいでしょう。ツイッターやフェイスブックの言葉は比較的話し

「it」と8つの前置詞で、動詞の活用の幅を広げよう！

	it	状況
①	**on**	くっつく
②	**to**	目的地
③	**off**	離れる
④	**for**	〜のため
⑤	**up**	上・現われる
⑥	**in**	内
⑦	**down**	下・消える
⑧	**out**	外

言葉に近いので、ちょうどいいと思います。

英語でつぶやけば、海外からの反応があるかもしれません。たとえば、お昼ご飯の写真をインスタグラムにアップして、「Please try it.（食べてみて）」と書き添えてみる。「○○のラーメンはお勧め。日本に来たときには絶対食べたほうがいいですよ」と日本語で考えて、それを英語にしようとしたら大変です。**「Please try it.」というごく簡単な英文でも、海外の人にとっては興味深い日本食の紹介になります。**

「日本の英語教育はダメだ」と頭ごなしに批判する人もいますが、実は、その英語教育のおかげで、私たちは英語の基本動詞にある程度なじんでいます。他の外国語を勉強しようと思ったらゼロからやりはじめなければなりませんが、英語の場合は手持ちの英語力をベースに「やり直し」が効く。これは日本人英語学習者の多くにとってアドバンテージです。

20の基本動詞と8つの前置詞やitの組み合わせでほとんどのことは表現できる!

例:put

資料:佐藤洋一著『英語は20の動詞で伝わる』(かんき出版)

イラスト:伊藤カヅヒロ

Column

「この場にふさわしい単語は？」と考える必要はない

日本語で話すときと同じ感覚で、英語で話すときも「自分は変な単語を使っていないだろうか」「空気を読んだ単語を使っているだろうか」と不安になり、萎縮《いしゅく》する人が多い。だが、それは日本語と英語の根本的な違いを理解していないがゆえのムダな心配だ。

「日本語ではニュアンスや厳密な意味がその場にふさわしい単語を選んで使うことが重視されますが、英語の会話では一つのことをいろいろな角度から表現しながらコミュニケーションを取ることが重視されます。空気を読むことが前提の日本語に対して、空気を作っていく英語、という感じですね。良い悪いではなく、文化が違うのです」（佐藤氏）

存在しない「空気」を心配しても仕方がない。英会話では、まず思っていることを口に出す（speak your mind）ことを心がけよう。

40代からは「複雑な文法は捨てる」あらゆる英文を「たった3語」で組み立てよう

学生時代、授業で習った難解な英文法に頭を悩ませた経験から、英語に苦手意識を持っている人も多いだろう。しかし、ビジネス英語では複雑な英文法は不要だと言い切るのは、数多くの指導経験を持つ中山裕木子氏。簡単で、かつ確実に伝えられる、「3語の英語」を教えていただいた。

Profile

㈱ユー・イングリッシュ代表取締役

中山裕木子

1997年より企業で技術分野の日英翻訳に従事。2000年より特許事務所で翻訳に携わる中で、テクニカルライティングの手法を英語の平易な表現に活かす方法を模索。14年に㈱ユー・イングリッシュを設立。技術翻訳サービス、技術英語指導サービスを提供している。京都大学をはじめ、数々の大学で非常勤講師を務めてきた。近著に『会話もメールも 英語は3語で伝わります』（ダイヤモンド社）がある。

日本人の英語は構文が複雑すぎる

英語を話したり書いたりしているとき、「文法は合っているだろうか？」と考えて、詰まってしまう人は多いのではないでしょうか。

それは、学生時代に習った複雑な文法を、そのまま使おうとしているからです。私たち日本人は難しい文法を使おうと頑張りすぎる傾向があるのです。

その理由は主に2つ。**一つは、日本語の文をそのまま英語にしようとしているから。**そうすると、英語としては複雑な表現になってしまうのです。

たとえば、「この仕事を引き受けるのは簡単です」というように、日本語では文末に「です」「ます」が来ることが多い。これを英語で言おうとすると、「です」「ます」は英語のbe動詞に当たるので、be動詞を使って「It is easy for me to take this job.」としがちです。でも、「I can easily take this job.」と言ったほうがわかりやすい。「仮主語のit」という複雑な文法を使う必要はありません。

もう一つの理由は、学校の授業では、複雑な文法事項ほど、時間をかけて、丁寧に教わ

ってきたから。その経験から、「英語ではこうした複雑な表現を使わなければならないのだ」と思い込んでいる人が多いのです。

しかし、難しい文法を使いこなすのは大変です。ミスも起こりやすく、伝えるのに時間もかかります。苦労するうえに、コミュニケーションに支障をきたすことが多いわけです。

実際のところ、ネイティブ同士が交わす英語はシンプルです。とくにビジネスの場では、明確に伝えることが最優先。**難しい表現をするより、短く、わかりやすく表現することを心がけるべき**です。

「主語・動詞・目的語」でたいていのことは伝わる

短く、わかりやすい表現をするためには、どうすればいいのか。それは、「3語で伝える」ことです。

といっても、厳密に**3語でなければいけないというわけではなく、「主語・動詞・目的語」の3要素で文を組み立てよう**ということです。

「3語の英語」を組み立てるための テンプレート

3ステップを踏むことで、「3語の英語」で表現することができる

❶ 伝えることを整理する → ❷ 主語を選ぶ → ❸ 動詞を選び、文を組み立てる

例1 あとで彼にメールします。

❶ 「私はあとで彼にメールします」と整理

❷ 主語に「I」を選ぶ

❸ 動詞に「email」を選び、
「I will email him later.」と文を組み立てる

例2 彼のアイデア、面白いです。

❶ 「彼のアイデアは、
私に興味を持たせます」と整理

❷ 主語に「his idea」を選ぶ

❸ 動詞に「interest」を選び、
「His idea interests me.」と文を組み立てる

学校で習う英文法の用語で言えば、「SVO」の第3文型に当たります。これより複雑な第4文型（SVOO）や第5文型（SVOC）は、できるだけ使わないようにしましょう。

「この形にうまく当てはめられないこともあるのでは？」と思われるかもしれませんが、少しの工夫で、たいていのことは表現できます。

たとえば、「私は彼女の笑顔が魅力的だと思った」は「I found her smile attractive.」と表現する人が多いでしょうが、「主語・動詞・目的語」の形で、「Her smile attracts me.」と言うことができます。このほうがシンプルですし、動詞を過去形にする必要もありません。

もっと込み入った内容の文でも、この形で表現できます。

「この製品の採用により、費用削減を実現します」なら、「The cost cut will be realized by adopting this product.」と受動態を使った表現をしなくても、「This product will cut cost.」でOK。格段に単純化できます。

気づかれた人もいるかもしれませんが、最も重要なポイントとなるのは動詞の選び方です。**具体的な意味を持った動詞を選ぶことで明快な文になる**のです。

例3 そのお店には、日曜にはより多くの客が来ます。

❶ 「そのお店は、日曜には
より多くの客を集めます」と整理

❷ 主語に「the store」を選ぶ

❸ 動詞に「attract」を選び、「The store attracts more customers on Sunday.」と文を組み立てる

例4 私たちがより良いコミュニケーションを取ることができれば、関係は改善される。

❶ 「より良いコミュニケーションは、
私たちの関係を改善する」と整理

❷ 主語に「better communication」を選ぶ

❸ 動詞に「improve」を選び、
「Better communication will improve our relationship.」と文を組み立てる

例5 これをするには、もっと時間がかかります。

❶ 「これは、より多くの時間を必要とします」と整理

❷ 主語に「this」を選ぶ

❸ 動詞に「require」を選び、
「This requires a longer time.」
と文を組み立てる

資料：中山裕木子著『会話もメールも 英語は3語で伝わります』（ダイヤモンド社）

とはいえ、新しい動詞をたくさん覚える必要はありません。have, use, need など、よく知っている、なじみ深い動詞だけでも、幅広い表現をすることができます。たとえば「この製品に問題が生じています」は、have を使って、「This product has a problem.」と言えます。

また、受動態を避けて、能動態で表現することも重要です。文を短くすることができますし、ダイナミックな印象にもなります。

「短くて明快な表現だと、わかりやすい一方で、ぶっきらぼうで失礼になるのでは？」と思うかもしれませんが、その心配は無用。ビジネスシーンではむしろ明快な表現が好まれますし、短く言うことで時間的な余裕が生まれるので「落ち着いた人」という好印象にもつながります。

たとえば、3語で「We need a discount.（値引きをしてください）」と伝えるだけでは、相手は不快に思うかもしれません。しかし、続けて、「We have a limited budget this year.（今年はもう予算がギリギリなんです）」と、理由を「主語・動詞・目的語」の形で伝えれば問題ありません。

「3語」で一つの文を作ることで、**「一つの文につき、一つの情報を伝える」**ことにもなります。すると、聞き手にとっても話を理解しやすくなります。コミュニケーションのストレスを最小化する「３語の英語」を、ぜひ活用してください。

40代からは「丁寧な表現を用いる」

覚えるだけで「できる人」と思われる「英語の敬語」フレーズ15

「英語を使うのに、語彙はそれほど必要ない」「構文も簡単でいい」とはいえ、40代以上ともなれば、ある程度、相手にしっかりとした印象を与えたいところ。そんなときに役立つ「英語の敬語」の使い方を、『英語のお手本』の著者であるマヤ・バーダマン氏にうかがった。

Profile

『英語のお手本』著者

マヤ・バーダマン

宮城県生まれ。上智大学卒業。ハワイ大学に留学し、帰国後は秘書業を経てゴールドマン・サックスに勤務し、現在は別の外資系企業に勤務。近著に『英語のお手本』（朝日新聞出版）がある。

「最初からフランクに」は大きな誤解！

「英語には、日本語のような敬語はない」と思っている人は多いのではないでしょうか。

確かに、「だ／である」と「です／ます」といった文体の違いや、尊敬語や謙譲語のシステム、「御社」「弊社」といった敬語特有の単語は、英語にはありません。「お世話になっております」「よろしくお願いいたします」などの決まり文句も、英語には相当する言葉がありません。

では、英語に敬語がないのかというと、そういうわけではありません。英語にも相手に敬意を示す丁寧な表現があり、ビジネスシーンではそうした言葉を使うことがマナーとされます。

「英語圏の人たちはフランクだ」と思われがちですが、これも誤解。欧米でも、きちんとした場では、くだけすぎたコミュニケーションは避けるのがベストです。洋画では初対面の相手に「ファーストネームで呼んでくれ」と言うシーンがよく出てきますが、現実の場面でこれをすると違和感を持たれます。

本来は礼儀正しい人が、欧米人に合わせようと思って無理にフランクに振る舞うことで信頼を失う、というすれ違いが起こっているとしたら、なんとも残念なことです。

もちろん、「ネイティブスピーカーではないのだから、多少礼儀を欠いた表現をしても許されるだろう」という意見も一理あります。しかし、継続的な関係を築くなら、やはり気持ちをきちんと届ける表現が不可欠。プロフェッショナルとして信頼されるためにも、誠意や敬意が伝わる表現を知っておくことが得策です。

相手に敬意を伝える「ひと工夫」とは？

英語と日本語とで違うのは、敬意の表し方です。

日本語では、尊敬語や謙譲語を正しく使い分けることや、「いつもお世話になっております」などの決まった言い回しを使うことなど、「型」どおりの表現を使うことが敬意を示すことになります。

それに対して、英語にはそうした決まった「型」がありません。むしろ、**「型どおりの表現をしない」ことが相手への気遣いになる**のが特徴です。

たとえば、「ありがとうございます」を「Thank you.」ですませず、相手のしてくれたことに具体的にひと言触れて、「Thank you for your help.」などと言うことで丁寧な表現になります。つまり、**英語で丁寧な表現をするときは、その都度、状況に即した言葉を考えて、相手に伝える**のです。このように、相手の行為や状況に即して言い方にひと工夫加えることを「パーソナライズ」と言います。

こう聞くと大変だと思うかもしれませんが、まったく心配はいりません。新たに単語や文法を暗記する必要はなく、よく知っている単語の組み合わせによって、簡単に表現できるからです。

日本語の表現を直訳すると逆効果にも⁉

使える場面が多い表現を、いくつかご紹介しましょう。

まず、誰かにお願いをするとき。「Please ＋命令文」を使う人が多いでしょうが、毎回これでは、少々つっけんどんな印象を与えてしまいます。丁寧なのは、**「Would you please ～？（～していただけますでしょうか）」**。2語加えるだけで、印象が格段に良くなります。

「It would be appreciated if you could ～（～していただけるとうれしいです）」「It would be helpful if you could ～（～していただけると助かります）」も丁寧。**この3つを覚えておけば十分**でしょう。

「～していただけないでしょうか」と、日本語では否定形にすることで敬意を表すことがあるので、そのまま英語に訳して「Won't you ～?」と言う人がいるのですが、これだと「やってくれないんですか?」という相手を責めるようなニュアンスになってしまいます。

相手の依頼や誘いを断わるときは、いきなり「I can't」で始めず、「I'm afraid that（申し訳ありませんが）」を最初につけましょう。

日本語では、「それは難しいです」という婉曲な断わり方がありますが、これをそのまま「It's difficult.」と英語で言うと、「できません」ではなく、「難しい（けれどやってみます）」という意味に受け取られてしまいます。

もう一つ、日本人がやってしまいがちで、ネイティブスピーカーにはあまり印象が良くないのが「オウム返し」です。初対面の人に「How do you do?（初めまして）」と言われて、そのまま「How do you do?」と返すのは機械的に聞こえ、きちんと相手に向き合っていないような印象になります。たとえば、「It's a pleasure to meet you.（お会いできてうれしいです）」など、別の言葉を返しましょう。これも、「型どおりの表現をしない」、気遣いのある英語的な敬語表現と言えるかもしれませんね。

覚えておくと便利な
英語の「敬語」表現15

「お願いをする」とき

① **Would you please submit the report by Monday?**
月曜日までに報告書を提出していただけますか？

② **I'm sorry to trouble you but would you please submit the report by Monday?**
お忙しいところ恐れ入りますが、月曜日までに報告書を提出していただけますか？

③ **It would be appreciated if you could ～.**
～していただけるとうれしいです。

④ **It would be helpful if you could ～.**
～していただけると助かります。

⑤ **Would it be possible to ask you to ～?**
～していただくことは可能ですか？

「感謝する」とき

⑥ **Thank you for your help.**

⑦ **I appreciate your helping me.**
ご協力いただき、ありがとうございます。

⑧ **I appreciate your assistance with this project.**
このプロジェクトではお世話になりまして、
ありがとうございます。

⑨ **Thank you for your continued support.**
いつもお世話になっております。

「断る」とき

⑩ **I'm afraid I'm not able to help.**

⑪ **I'm sorry but I'm not able to help.**
申し訳ありませんが、難しいです。

---

⑫ **I regret that we are unable to accept the proposal.**
残念ながら、ご提案は採用できません。

「よろしくお願い申し上げます」の代わりに使える表現

日本語ではメールの最後に「よろしくお願い申し上げます」と書くのが「型」だが、英語には決まった「型」はない。その代わりに使いやすい表現の例。

⑬ **I look forward to seeing you again.**
またお目にかかれることを楽しみにしています。

---

⑭ **I look forward to hearing from you.**
お返事をお待ちしています。

---

⑮ **I look forward to working with you.**
(お仕事で)ご一緒できるのを楽しみにしています。

中学レベルの英語を学び直すだけ

40代に丸暗記は不要！最速で成果が出る英会話&英単語学習法

学生時代、必死に覚えた英単語を思い出せず、会話もままならない……。その原因は、「単語や会話文を丸暗記してきたことにある」と語るのは、有名英語講師である関正生氏。しかし、学生時代のおさらいと＋αの勉強で、ビジネスシーンで必要な最低限の英語はマスターできるという。今までに学んだ知識をムダにしない勉強法とは？

Profile

英語講師

関 正生

1975年、東京生まれ。慶應義塾大学文学部（英米文学専攻）卒業。大学時代からさまざまな予備校の教壇に立ち、現在はリクルート運営オンライン予備校スタディサプリ講師。スタディサプリでの有料受講者数は年間25万人以上。「世界一わかりやすい授業」シリーズをはじめとする著書は39冊を数え、累計98万部を突破。

「英語が話せない」のは頭でっかちの思い込み？

英会話上達への近道、それは、英会話への苦手意識を克服することに尽きます。本来、日常会話程度ならば、中学で習う英語でも通じるはずなのです。

にもかかわらず、**英語が話せない日本人が多いのは、学校教育の中で「話す練習」が圧倒的に足りなかったから**です。

それに、学校では「こんなときはこう返す」と英会話を機械的に丸暗記しがちです。こんなふうに頭でっかちになってしまっては、英語で会話などできません。

そこで、会話嫌いの呪いを解く、３つのマインドセットをお教えしましょう。

まず、会話ですべての英語を聞き取れる必要などありません。それよりも大切なのは**「状況把握力」**です。

たとえば、飛行機で客室乗務員が飲み物を載せたカートを押しながら「Would you drink……?」と早口で話しかけてきたとき。全部聞き取れなくても、状況と断片的に聞き取れた言葉で、何を聞かれているかは理解できるはず。

馬車を止める際、手綱を上に引く動作から「draw up」は英語で「止まる」という意味になる。

ビジネスシーンも同様です。たとえ言葉の前後がわからなかったとしても、基本的な用語さえ聞き取ることができれば、状況や相手の表情から、かなり理解できるものだからです。

次に大切なのは、**「異文化理解」**。会話はまず直訳すべきなのですが、それでも理解できないとしたら、英語圏独特の文化が背景にある場合があります。

たとえば「draw up」という言葉。直訳では「上に引く」ですが、英語では「止まる」という表現になります。これは、馬車を止める際、手綱《たづな》を上に引く動作から来ているのです。日本人にはなじみが薄いかもしれませんが、もし、直訳で理解できなくても、文化的背景を知っていれば、推測することが可能なのです（上図参照）。

そして最後にモノを言うのは**「メンタルの強さ」**です。私がよく行くシンガポールでは英語が公用語の一つなのですが、「シングリッシュ」と揶揄《やゆ》されるほど訛りの強い英語が話されており、政府が対策に乗り出しているほど。

しかし、当の現地人は「俺の英語がわからないのか」と言わんばかりに、シングリッシュを押し出してきます。このメンタルの強さ、日本人も大いに見習いたいところです。ネイティブではない以上、完璧に話せないのは当たり前。日本人だけが、英語をうまく話せないわけではないのです。

最短で成果を出すなら「単語＋文法」を攻略せよ

40代のビジネスパーソンは、勉強する時間が限られています。もし、**最短で効率的に英語を学びたいのならば「単語＋文法」から始めるのがお勧め**です。

その理由は2つ。単語が理解できれば、会話全体を類推できるから。また、言葉のルールブックである文法を学べば、フレーズを丸暗記する必要がなくなるからです。

たとえば、助動詞 will を見てみましょう。中学ではまず、「〜でしょう」という使い方を習います。さらに高校では、習慣や習性、拒絶といった使い方を習います。しかし、そんなにいくつもの用例を覚えなくとも「絶対〜する」という言葉の核心さえつかめば、さまざまな例文を丸暗記する必要はなくなるのです（次ページ参照）。

その単語の覚え方ですが、40代にもなって英単語を丸暗記するのはキツいと感じる人も少なくないでしょう。そもそも、そんなキツいことをやる必要などありません。英単語を丸暗記するのはムダが多く、非効率的な勉強法だからです。

まずは受験英語にありがちな「英単語は丸暗記するもの」という発想を捨てましょう。単語の勉強とは「リソースを使うもの」。つまり、**今ある知識を使って、語彙を広げていく作業**なのです。

とくに40代ともなると、ある程度の単語は頭に入っているはず。その発想からアプローチすると、中学レベルの単語をおさらいしながら語彙力を鍛えていくことが可能です。

そのためにはいくつかの方法がありますが、**一つは「リアリティを持たせること」**。具体的なイメージと紐づけて、英単語にリアリティを持たせてあげるのです。

たとえば、choke（息苦しくさせる）という言葉があります。格闘技好きなら、相手の首を締めつけ窒息させるような必殺技 choke sleeper と結びつけることができます。

あるいは、女性であれば、首に巻きつけるタイトな飾りである choker をイメージする

英文法に丸暗記は必要ない

助動詞「will」を例に取ると……

従来の説明　❶意志　❷推量　❸習慣　❹拒絶

正しい考え方　「will」の核心は「100％必ず～する」だけ！

❶ I'll call her tonight.

従来の訳　「今夜は彼女に電話するつもりだ」

本当の意味　「今夜は必ず彼女に電話する」

強い意志を感じるニュアンスになる。

---

❷ He will come here.

従来の訳　「彼は来るでしょう」

本当の意味　「ヤツは必ず来る」

推量よりも強い意味になる。

---

❸ My boss will talk for hours, if you let him.

従来の訳　「ウチの上司はほっとくと何時間でもしゃべるでしょう」

本当の意味　「ウチの上司はほっとくと何時間でもしゃべるんだ」

「必ずする」→「習慣・習性」を表す。

---

❹ The window won't open.

従来の訳　「窓が開かないでしょう」

本当の意味　「どうしても窓が開かない」

「必ずする」の否定→「絶対にしない」拒絶を表す。

ほうがなじみ深いでしょう。どちらも首を締めつけるという意味から、chokeを使っているというわけです。

また**「すでに知っている英単語を強化する」**という手も有効です。

たとえば、カクテルやウィスキーをかき混ぜる棒をmuddler（マドラー）と言います。そこからmuddleが「混ぜる」という意味だと簡単に覚えられるでしょう。このように、すでに知っている単語や何気なく使っている単語をリンクさせていくだけで、丸暗記するよりも記憶に定着しやすくすることができます（次ページ参照）。

とはいえ、単語の勉強は地味なので、何か刺激がないと長続きしません。ときどきリスニングやスピーキングをおりまぜながら、モチベーションアップを図る進め方がお勧めです。

語学は、コツコツと積み重ねることが絶対的に必要なのですが、その一方で、飽きやすいという特徴があるのです。

１０４ページ以降で、楽しみながら続けられる英会話習得法と単語習得法をご紹介していきます。

これらを参考にしていただきながら、地道な努力と楽しみながらの勉強を交互に進め、長続きする英語学習をしていきましょう。

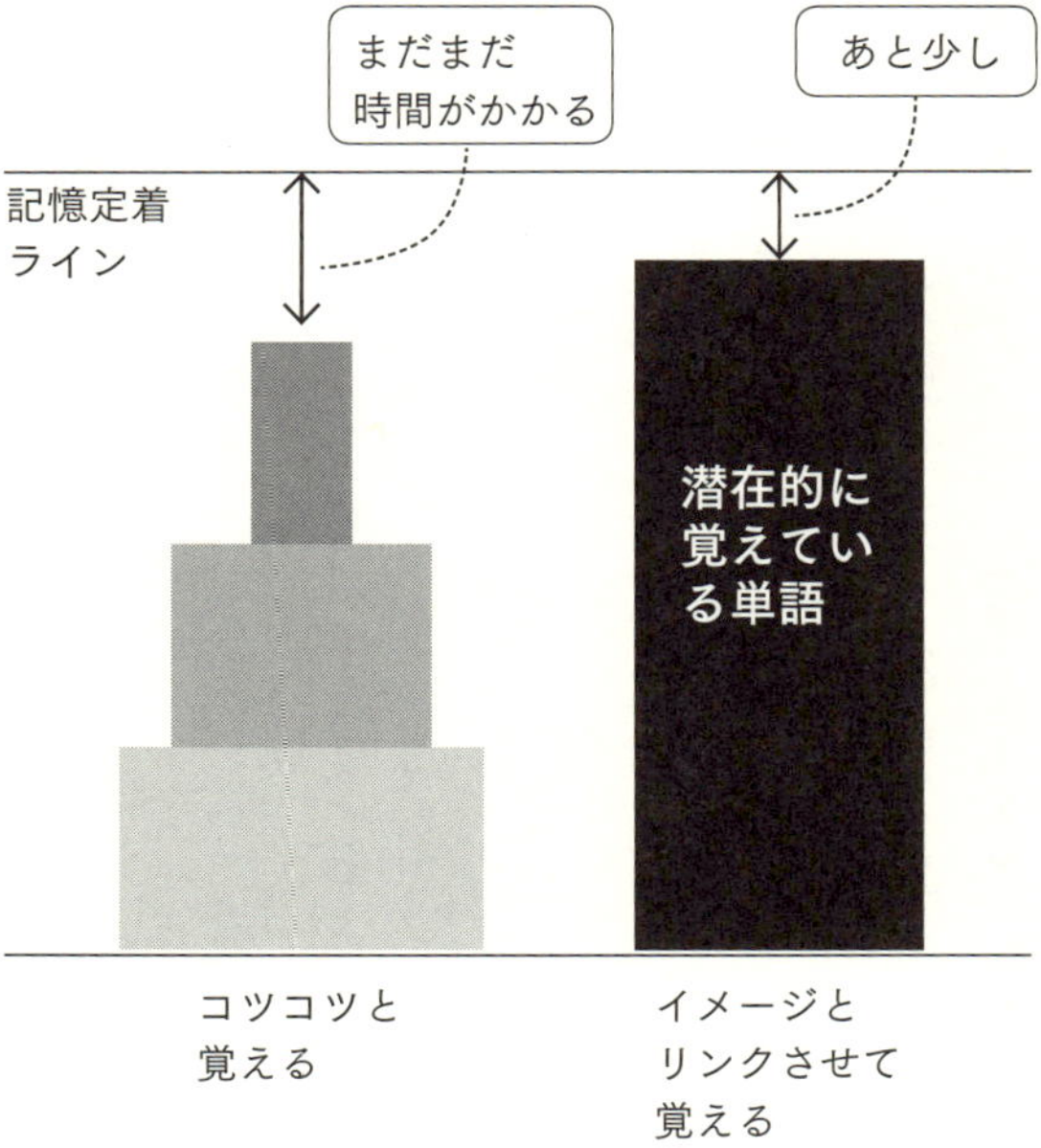

普段何気なく使っていたり、土台として、潜在的に知っている英単語は、たくさんある。こうした単語を具体的なイメージとリンクさせれば、記憶への定着率を上げることができる。

more tips

「中学レベルの英語」でも大丈夫！

40代から始める英会話の8つのコツ

ここまで、40代から英会話と英単語をマスターする方法をうかがった。ここからは、より詳しいそれぞれの勉強法を、引き続き関氏に解説していただく。まずは、英会話の8つのコツをうかがった。

①主語を固定する

言いたい言葉が英語で出てこない……。そんなときは、見切り発車で「I（私は）」から始めてしまおう。すると、**主語を固定することで、次に動詞を探すステップに集中できる**。さらに、自分の考えや希望を伝えるときは、たいてい「I（私は）」から始まるのが一般的。何かと使えるフレーズとして「I'd like to ~」（~したい）がある。「I'd like to have a water.」や「I'd like to know your opinion.」「I'd like to visit your country.」などは言えるようにしておきたい。

②汎用性のある表現を知る

難しい英単語よりも、あらゆるシーンで使える言葉を覚えよう。「available」「comfortable」「OK」はその一例。「available」は直訳すれば「利用できる」の意味。ただ、「Are you available today?」（今日空いてる?）、「This ticket is available.」（このチケットは使える）といった使い方もできる。

また、「快適な」を意味する「comfortable」も、「I'm comfortable with cooking.」（私は料理に自信がある）といった使い方ができる。

最も汎用性が高い言葉は「OK」。「Is it OK?」「Are you OK?」は、状況やニュアンスでさまざまな意味を帯びる便利な言葉だ。

③日本語で記憶のトリガーを引く

頭に浮かんだ事象をそのまま英語で表現するには、脳に「英語回路」ができていないとなかなか難しい。どうしても英語が思い浮かばないときは、**窮余の策として「まず日本語で言ってみる」という手がある。**日本語で「私は駅に行きたいんです」と小さな声でつぶやくと、その後「I want to go to the station.」と詰まりながらも英語が出てくることが多いのだ。これは、日本語でもいいのでとりあえず言ってみることで、言語の記憶を掘り起こすトリガーが引かれるから。いざというときのために覚えておこう。

④英和辞典より日本語の辞書を引け

辞書や参考書にある訳語は、なじみの薄い言葉が多いもの。たとえば、arbitrary という単語は「恣意的な」という訳語がついているが、日常的に使う言葉ではないため、とっさに口から出てこない。それよりも、「気まぐれ／自分勝手」といった具合に、普段使う言葉に落とし込んで覚えよう。なじみのある言葉だと、会話の中ですっと使うことができる。そのためには、英和辞典や参考書で調べた意味をそのまま覚えるのではなく、場合によって、**日本語の辞書で調べて、簡単な日本語に変換してから覚える**のがお勧めだ。

⑤「英語回路」ができるくらい音読する

話すたびに、頭の中で「英語→日本語」と変換して理解しているようでは、スムーズな会話は成り立たない。日本語を経由せず、**英語をストレートに理解できる「英語回路」を作る方法は「音読」に尽きる。**

たとえば、「証明書」はcertificateという。しかし、ただこの単語の字面を覚えるだけでは、会話で音を聞いても一瞬で理解することはできない。声に出して読み、舌になじませ、耳になじんだときに、初めて意味が脳に一発で伝わる回路ができるのだ。

⑥知らない単語は聞き返せ！

知らない単語に出合ったら、恥ずかしがらずに聞き返すべき。そのとき覚えておきたいのは、「What do you mean by ○○?」（○○ってどういう意味？）や、「What should I say in this situation?」（こんなとき何て言うの？）というフレーズ。ある単語が聞き取れなかったときは、「what」で代用する。たとえば、「He loves surfing.」の「surfing」が聞き取れなかったら、「He loves what?」と聞き返す。聞くは一時の恥、聞かぬは一生の恥。むしろ「言葉を覚えるチャンス到来！」と考えて、積極的にどんどん聞いていこう。

⑦全部聞こうとしない

日本語でも周囲がうるさかったり、聞き慣れない方言だったりすると相手の言葉が半分ぐらいしか理解できないことがある。それでも大意は理解できるもの。それは英語も同じ。**わかる単語を拾いながら、シチュエーションを読めば大筋はくみ取れる**ことが多い。だから、そのシチュエーションに関連する重要単語やフレーズだけは聞き逃さないことが大切になる。たとえば、電話で話す際は「hang up」（電話を切る）、会議では「wrap up」（会議を終える）といった言葉は確実に使うはず。それらを予習しておくといいだろう。

⑧単語が出てこないときは、相手に言わせる！

伝えたい言葉をどう英語で言ったらいいかわからない場合、相手に答えを言わせてしまうのも一つの手。たとえば、望遠鏡という英単語がわからないとき。「Galileo used it. You use it to watch stars.」というように、自分の知っている言葉で表現してみる。そうして、連想ゲームのように聞いていけば、「Telescope!」と相手が正解にたどり着いてくれるはず。

ここで使える便利な表現は**「You use it to ～」（～するために使う）**や**「a kind of ～」（～みたいなもの）**というフレーズ。汎用性が高いので、ぜひ覚えておこう。

more tips

40代から英単語を覚える7つのポイント

40代ともなれば、記憶力に自信はないし、新しく覚えるのも面倒くさい。そんな読者のために、簡単に効率良く英単語を学習する7つのノウハウを関氏に教えていただいた。学生時代より、ずっと効率的に記憶できるはずだ。

①英語→日本語の順で覚える

× 社長 ↓ president
○ president ↓ 社長

ある言語学者の研究によると「母国語→外国語」ルートの言葉の覚え方は、「外国語

→母国語」ルートで覚えるのに比べ、約４倍の労力を要するという。つまり、**「日本語→英語」で250語の単語を必死に覚えている間に、「英語→日本語」で覚えれば、1000語はマスターできる**ということになる。

とにかく早く語彙力を高めて成果につなげたいのならば、「英語→日本語」の順番で覚えるのが正解。つまり「社長→president」というルートではなく、「president→社長」というルートで覚えるべきなのだ。

②カタすぎる訳語は崩す！

as soon as ＝
✕ 〜するやいなや
○ 〜しだいすぐに

辞書やテキストに記載された英単語やイディオムの訳語は「カタすぎる」ことが多い。このカタすぎる訳語が、記憶の定着や言葉の理解を阻害している。たとえば、「as soon as ～」は、学校では「～するやいなや」と習うが、日常生活ではこんな日本語は使わない。それよりも、現代語に置き換えて「～しだいすぐに」と覚えよう。すると「I'll call you as soon as I get home.」は「帰りしだいすぐに、電話します」となって、たちまち生きた言葉になる。まわりくどい表現の訳語は、言い換えてみると記憶に定着しやすくなる。

③語句の「パーツ」に注目

sur（上）＋face（顔）＝表面
sur（上）＋charge（請求）＝追加料金

効率的に英単語を覚えたいのならば、**語句の「パーツ」に着目する**のもお勧め。たとえば、頭につくsur-という接頭語は、「上」という意味がある。つまり、surfaceは「sur上＋face顔」で「表面」という意味になり、surchargeは「sur上＋charge料金」で「追加料金」の意味になる。言葉の成り立ちから入るため、丸暗記しなくても記憶に残りやすくなる。

　この他にも、dis-（否定）、sub-（下）、pre-（前）など接頭語はいくつもある。この型を知っておけば、初めて出合う言葉でも、なんとなく意味が類推できるようになる。

④2つに「分解して」覚える

overlook＝
over（向こう）＋look（見る）
大目に見る or 見落とす

　英語には、2つ以上の語から成り立っている言葉がたくさんある。たとえば、「overlook」（大目に見る／見落とす）は、over（向こう）＋look（見る）の組み合わせ。わざと向こうを見れば「大目に見る」となり、うっかり向こうばかり見ていれば「見落とす」ことになる。また、masterpiece（傑作）は、master（巨匠）＋piece（1つ）で、「巨匠が作った一つの作品＝傑作」という意味になる。

このように、長くてとっつきにくそうな単語でも、分解してみると2、3のシンプルな単語から成り立っていることは多々あるのだ。

⑤「ingを取るだけ」で覚える

ラスティング(lasting)効果
⬇ 化粧品の効果が続くという意味
※もともと、lastには動詞で「続く」という意味がある。

カタカナ英語として定着しているingがついた単語をよく見かける。たとえば、サラダにかけるドレッシングは、dress（飾る）に「-ing」がついた言葉で「サラダを飾る」という意味。また、予約が重なるダブルブッキングという言葉があるが、booking（予約をとる）は、book（帳簿・本）に「-ing」をつけた言葉。bookには帳簿に書き込むという意味があり、派生して予約するという意味になった。本来の意味がわかれば、dressing the shopwindows（ショーウインドウを飾る）、book a room（部屋を予約する）も覚えやすい。

⑥派生語は無視して１つだけを覚える

× 覚えたほうがいい意味も覚える
○ 覚えなければならない意味だけを覚える

１つの単語につき、複数の意味や反意語・同義語を併記した単語帳は多いが、無視すること。まずは、**「これだけは覚える」という最少の分量で学んだほうが、結果として記憶の定着率がいい**からだ。

たとえば、chargeという動詞は「請求する／突撃する／圧迫する／告発する」など複数の意味がある。初めて出合う単語の意味を全部覚えようとしたら、頭の中で整理しきれず中途半端な記憶になってしまう。「charge＝請求する」の意味だけ覚えれば、「記憶の核」ができ、脳に定着する。核につけ足していくほうが容易なのだ。

⑦理屈を理解し、感覚的にイディオムの意味をつかむ

× stand by ＝ 味方する
○ by（近くに）＋ stand（立つ）＝味方する

「stand by」「stand for」など「基本動詞＋前置詞」で成り立つイディオムは、前置詞しだいで意味が大きく変わるクセモノ。しかし、**「直訳」してみると意外と意味が見えてくる。**

たとえば、stand by（傍観する／味方する／待機する）。前置詞 by の原義は「近くに」という意味なので、「by（近くに）＋ stand（立つ）」。直訳で意味を押さえれば、意味を感覚的につかめる。前置詞を「記号」として暗記するのではなく、どのような意味を持っているのかを理解すれば、イディオムは丸暗記ナシでマスターできるのだ。

有名人の勉強法に学べ！

40代から英語力を伸ばした「あの有名人」は、どんな勉強をしていたのか？

有名人の中にも、40代から英語を学んだ人、英語力を伸ばした人は少なくない。ここで、各分野の3人を取り上げて、その勉強法を紹介しよう。

ドラマ・メソッド

俳優

渡辺 謙

40代になってから英語を勉強し、自分のものにした人として、まず頭に浮かぶのは俳優の渡辺謙氏だろう。43歳のとき、『ラストサムライ』（2003年）に出演するために勉強を始めた。その後のハリウッドでの活躍ぶりは周知のとおりだ。

渡辺氏の勉強法は「ドラマ・メソッド」というもの。国境を越えた俳優のキャスティングや俳優への語学指導を行なっている奈良橋陽子氏が米国から導入した方法で、**役になりきって演技をすることで英語を学ぶ**。セリフを頭だけで覚えるのではなく、その場にいる人たちの心の内や表情、身振り手振りなども含めたコミュニケーション全体の一部として覚えることで、実践的な英語が身につくのだ。渡辺氏は、奈良橋氏の指導を、1日数時間、つきっきりで受けたという。

How to learn English for 40's

DUO 3・0

劇作家・演出家

鴻上尚史《こうかみしょうじ》

2007年に、自身の代表作『トランス』の、英国人キャストによる英語での公演をロンドンで行なうなど、英語を使って国際的に活躍する鴻上氏。しかし、若い頃から英語が堪能だったわけではない。39歳のとき、俳優教育法を学ぶために1年間のロンドン留学をしたが、最初の1カ月間は語学学校に通って、寝るとき以外はずっと英語漬けの生活をしたにもかかわらず、いざ授業に臨むとまったく聞き取れなかったという。留学を終えた時点でも英語力が劇的に向上したということはなく、とにかく継続して勉強することの重要性を痛感したそうだ。

そこで実践した勉強法が、著名な英語教材である『DUO 3・0』に掲載されている文章を繰り返し覚えること。別売りのCDも聞き込んだ。これまでに段ボール箱3つぶんの教材を試してきたが、**最も英語力向上に役立っていると感じるのが『DUO 3・0』**だそうだ。

英語日記

政治家

加藤紘一

内閣官房長官や自民党幹事長などを歴任した政治家の故・加藤紘一氏は英語が堪能だったことで知られるが、『AERA English』2007年11月号でのお笑い芸人・パックンとの対談で「45歳を過ぎてから英語力が伸びたと感じる」と話している。

当時、防衛庁長官だった加藤氏は、ニューヨークで開催された外交問題評議会で日本の防衛政策についてスピーチしたあとの質疑応答を、通訳を介さず、ゆっくりとした英語で行なった。そのために「加藤は英語ができる」という評判が立ってしまい、その評判に自分が追いつくために、英語で日記をつけることを習慣としたそうだ。1日10分や15分でも、毎日続けることで、英語力が向上したという。**継続のコツは、文法や単語が間違っていても気にしないこと**だそうだ。

第2章

「忙しい」を言い訳にしない！

大人のための「超効率的」勉強法

ここまで、40代に向けた英語の習得法をお伝えしてきたが、英語以外の語学が必要な人もいるだろうし、資格試験の勉強をしている人もいるだろう。

また、「教養を身につけたい」という動機から勉強する人もいる。しかし、一般的に年齢を重ねると記憶力が低下すると言われたり、職場でも家庭でも忙しく時間がなかなか取れなかったり、働きながら勉強するにはさまざまなスキルや心構えが必要になる。

そこで第2章では、英語はもちろんあらゆる学習に役立つ、多忙な40代ビジネスパーソンのための「勉強法」について追究する。

「考えるプロ」の哲学者が明かす勉強法

忙しい社会人は「暗記」ではなく「思考」中心の勉強を

社会人になってからの勉強は、学生のときとはいろいろと条件が異なる。勉強に使える時間が少なかったり、暗記がなかなかできなくなっていたり、そもそも勉強しなければならない「目的」として、学んだことをアウトプットする必要もあったりするだろう。哲学者の小川仁志氏は、大人が何かを学ぶときには、「考える」ことが不可欠だと話す。教養から資格試験まで幅広く使えるその方法論について詳しくうかがった。

Profile

哲学者／山口大学国際総合科学部准教授

小川仁志

1970年、京都府生まれ。京都大学法学部卒業後、伊藤忠商事に入社。退職後、4年半のフリーター生活の後、名古屋市役所入庁。市役所に勤務しながら名古屋市立大学大学院にて博士号（人間文化）取得。徳山工業高等専門学校などを経て、2015年4月より現職。商店街で「哲学カフェ」を主宰するなど、市民のための哲学を実践している。専門は公共哲学、政治哲学。『7日間で突然頭がよくなる本』『覚えるだけの勉強をやめれば劇的に頭がよくなる』（以上、PHP研究所）など著書多数。

写真：まるやゆういち

大人になったら「丸暗記」から脱却を

勉強と言えば受験勉強のイメージから、いまだに「暗記」中心の勉強をしている人は多いのではないだろうか。「大人になってからは、思考を軸に置いた勉強をすべき」と話すのは、思考法や勉強法など多数の著書がある哲学者の小川仁志氏だ。

「私たちが受けてきた教育は、８割くらいが暗記でしたが、大人になれば勉強法を変えるべきです。なぜなら、丸暗記ができなくなってくるからです。私も大人になってから司法試験に挑戦しましたが、暗記中心のやり方ではどうしても覚えられず、挫折した経験があります。

学生時代の勉強との大きな違いは、大人には勉強する明確な目的や問題意識があることです。教養としての勉強も資格試験の勉強も、勉強する目的は仕事での実践です。たとえば40代になって中間管理職になると、人や組織を動かさなくてはなりません。『なぜあの人は動いてくれないのか？』という問題に直面したとき、それをなんとかしようとするところから大人の勉強は始まります。そこで人や組織を動かすための方法論を暗記しても、すぐに忘れてしまったり、例外的な場面では応用できなかったりします。何かを覚えて**『知っている』ことよりも、学んだことを実際の問題解決にどう活かすかを『考える』ほうが結果的により早く習得できる**――これが大人の勉強です」

あらゆる勉強に使える5つの哲学思考

では、大人の勉強ではどのように「考える」と良いのだろうか。考えるためのツールとして哲学の思考法を紹介していただいた。哲学とは、考えること自体を学問にしたものだが、中でも「疑う」「削ぎ落とす」「批判的に考える」「根源的に考える」「まとめる」の5つの思考が大人の勉強に活きてくるという（次ページ参照）。

「『疑う』とは、それまでの固定観念を捨て、さまざまな角度から情報を精査することです。そして、不要な情報を『削ぎ落とす』――必要な情報だけを整理することが求められます。次に、『批判的に考える』、つまりその情報が本当に正しいかを検証します。

これらの思考法は、**たくさんの情報が容易に手に入る現代において、本当に役立つものを見極めるために不可欠**です。偏った考え方に固執するのではなく、多角的に知識を吸収

大人の勉強に必要な「5段階の思考法」

① 疑う

大人の勉強の出発点となるのが、「疑う」こと。与えられる情報を鵜呑みにせず、「本当にそれで正しいか」「他にも見方があるのではないか」と問いかけることで、物事を多面的に見ることができる。

② 削ぎ落とす

情報は多ければ多いほどいいと思いがちだが、雑多な情報が入り混じることで、本当に大事なことを見失うことがある。集めた情報から無駄なものを削ぎ落とし、本当に必要な情報だけを残すことが必要。

③ 批判的に考える

それが本当に正しいかを吟味する作業で、クリティカルシンキングとも言う。①の「疑う」が相対的に物事をとらえようとするのに対し、ここでは物事を絶対的にとらえたうえで、結論に至るまでの議論を明確にし、前提は正しいか、推論の過程は論理的かを検証する。

④ 根源的に考える

ゼロから考え直すということ。たとえば「1＋1＝2」は誰もが常識として知っていることだが、あえてこれを否定し、「1＋1≠2」から考えはじめる。これまでの知識をいったん捨てることで、自分独自の考えを導き出すのが狙い。

⑤ まとめる

大人の勉強の最終段階として、勉強で得た学びをノートに書き記すなど形に残すこと。勉強したことを自分の言葉でまとめることで、自分の世界観や価値観を確立することにもつながる。

する前提として役立つでしょう。

その次の『根源的に考える』は、ゼロから考え直すこと。『なぜこうなるのか』と根本的に考え直してみることです。大人の勉強にとくに重要なのは、この思考法かもしれません。なぜなら、日本の学校教育にはこの視点が抜けており、『そういうものだから』と割り切って習ってきたことが多いからです。これに慣れてしまった人は、与えられた知識を表面的になぞるだけで満足してしまい、考えることが苦手な大人になってしまっています。しかし、**『根源的に考える』ことは物事の本質を探究すること。あらゆる学習において、理解と知識を深めるために必要な考え方**です。興味・関心も深くなり、勉強が楽しくなる効果もあるでしょう。最後の『まとめる』は、自分の考えを書き出して意識化することです」

この5つの思考を活用しながら勉強や読書をすることで、教養が培われていく。一方で、資格試験や英語などの実用的な勉強の場合にも、この考え方は有効だという。

「資格試験の勉強の場合でも、丸暗記するのではなく、まず『考える』アプローチを取ってみることが、根本的な理解と学習のモチベーションアップにつながると思います。すべての範囲をこのように深く考えることは難しいかもしれませんが、基本の知識についてだけでも背景や原理まで深く考え理解していれば、応用問題についても、論理的に考えることで答えを導き出すことができるはずです」

スキマ時間で思考し考えを書き出してみる

忙しいビジネスパーソンが勉強する場合、本を読むにも効率的に読む必要がある。そこで活用したいのが「入門書」である。

「哲学書でも、いきなり古典を読もうとすれば、１年はかかります。まずは入門書で予備知識を得てから古典に進めば、１カ月程度で読めるでしょう。２冊も読むのは効率が悪いと思うかもしれませんが、**途中で挫折せず思考を深めるには、入門書から入る**のがお勧めです」

また、学習時間の確保も課題だ。ただ、学生時代とは異なり、「15分でもスキマ時間があれば、どこでもできるのが大人の勉強」だと小川氏は話す。

「ポケットに文庫本を入れておけば、移動時間や待ち時間を使って読むことができます。また、落ち着いて本が読めない環境でも、思考することはできます。思考とは、インプットしたものをいかにアウトプットするかを考えること。つまり、本を読んで『あー、良かった』で終わらせず、本の内容を自分の中に落とし込み、日々の問題にどう応用するかを考えることです。これが、先に述べた5つ目の思考の『まとめる』であり、学んだことを定着させるためにもっとも大事なことです。満員電車の中でもできるので、ぜひ実践してみてください」

「まとめる」うえで習慣化したいのが、自分の考えを文章に書き出すことである。

「本を読んで学んだことを、直接本に書き込んだり、ノートに書き留めておきます。学生時代のように、きれいに書く必要はありません。ノートがなければ、パンフレットの余白や紙切れに書いて、それをスマホで撮っておくのもいいでしょう。**思考の成果を書き出すことで頭の整理ができ、記録として残るし、見返すことで定着します**。学んだことを仕事や生活に役立てることこそが大事なのです」

Column

子供に「思考」の重要性を伝えるには？

大人は日々の仕事や生活において問題意識があるため、「学んだことをどう活かすか」を考える勉強の仕方ができる。一方、そういった問題意識が薄い子供や学生は、どうしても暗記中心の勉強になりがちだ。どうすれば子供たちの意識を「考える」勉強へと変えることができるのだろうか。小川氏は、「勉強したことをどのようにして自分の将来につなげたいかを考えさせることが効果的」だと話す。

「ケーキ屋さんになる場合でも、カップの計量を間違えないために算数は大事だし、パイロットになる場合でも、飛行機の高度の計算は必要です。今の勉強が将来の夢にどう活きてくるかを考えさせると、子供は勉強に対して見違えるように積極的になります。また、いったん問題意識が芽生えれば、子供の頭は柔軟なので、大人が気づかないことも発想したりします。たとえばケーキ屋さんになりたい子なら、歴史を勉強しながら、武将の名前をケーキにつけてみたらどうかと考える。子供ならではの発想で、勉強はどんどん面白くなっていきます」（小川氏）

「短期記憶」を「長期記憶」に変える！

脳の仕組みを活かした「一度覚えたら忘れない」勉強のコツ

勉強をするうえで重要なのが、知識の定着。つまり「記憶」である。読者の中には、「人の名前がすぐ出てこない」「新しいことがなかなか覚えられない」などといった経験から、「若い頃と比べて、記憶力が低下している」と感じている人が多いかもしれない。しかし、脳活動の研究者である篠原菊紀氏によれば、「記憶力はいつでも伸ばせる」という。脳の仕組みと記憶力について教えていただいた。

Profile

諏訪東京理科大学共通教育センター教授

篠原菊紀

1960年、長野県茅野市生まれ。東京大学教育学部卒業後、同大学院教育学研究科修了。日常的な脳活動を研究し、サービス・製品・教材開発に活かしている。茅野市縄文ふるさと大使も務める。著書に、『合格賢脳レシピ80』（法研）、『「すぐにやる脳」に変わる37の習慣』（KADOKAWA）、『中高年のための脳トレーニング』（NHK出版）など。テレビ等メディア出演も多数。

最も効果的な覚え方はエッセイを書くこと⁉

人は、脳に記憶を蓄積させる。したがって、脳の仕組みにならって記憶することが、効率的な勉強には重要になってくる。では、脳はどのようにして記憶するのだろうか。

「記憶とは脳の神経細胞、ニューロンの結びつきです。脳に情報が入ってくると、まず『ワーキングメモリ』という、脳内のメモ帳に情報が書き込まれます（短期記憶）。

このワーキングメモリは、いわば『仮置き場』であるため、長く記憶に定着させるときには、別の場所に移して保管されます（長期記憶）。ワーキングメモリの役割を担うのが、海馬という部分。そして長期的に記憶を保管するのは、大脳新皮質です」

記憶を定着させるには、脳の仮置き場から、長期保管庫である大脳新皮質に情報を移さなければならない。そのためには、どうすれば良いのか。

「脳に情報が入力されるとき、まず海馬のメモ帳に『記銘』されます。メモ内容を『保持』し、大脳新皮質に移すには、『想起』させる必要があります。

『記銘』＝インプットをするだけではなく、『想起』＝アウトプットをすることが、ニューロンの結びつきを強くさせるのです。何かを覚えるときには、何度も思い返し、再生することが不可欠です。

『想起』＝アウトプットの重要性については、このような実験があります。ある科学論文を大学生に読んでもらい、1週間後にどれだけ覚えているかテストをしました。その際、次の4つのグループに分けて結果を測定しました。

①5分間読むだけ。
②何度も繰り返し読む。
③内容のまとめを作成する。
④読んだ内容に関する自由エッセイを書く。

この中で、最も良い成績を上げたのが④のグループでした。『エッセイを書く』という行為は、読んだ内容を思い出し、それを組み合わせて、文字に書き起こすこと。単に読むだけでも思い出すだけでもなく、他の情報と組み合わせて使うこと。つまり**アウトプットすることが、脳に最も強く記憶させる秘訣**ということです。

一所懸命読むだけでは記憶として定着しないのは、これが原因です。つまり、人間の脳はそもそも『丸暗記』には向いていないのです」

復習は「6」のタイミングで行なおう

人は進化の過程でこの記憶法を選択したと言える。３歳までの子供の場合、鉄道網をすべて言えるなど、丸暗記型の記憶がしやすい脳の痕跡が残っているという。しかし、小学校に入学するまでに、「ワーキングメモリ型」の記憶へ成長していくのだ。

「仕事でも、前任者のやり方を１００％覚える必要はないですよね。要点のみを記憶して、自分なりのやり方で仕事を行なうはずです。**使いながら、やりながら覚えることが、脳には向いています**。

だからこそ、語学や資格試験の勉強などで人の脳に不向きな『丸暗記』に近いことをしなければならないときは、ノートに書いたり口に出したりというアウトプットをしながら繰り返し復習し、記憶を定着させる必要があります。『この方法なら一発で覚えられる』という必殺技は、残念ながらありません。

また、記憶には『海馬依存型』と『海馬非依存型』があります。前者は、いわば言語的記憶。英単語や法律の条文など、言葉にできるもののことです。後者は、手順や身体の動かし方など、『技の記憶』と呼ばれるもので、運動野・線条体・小脳などが関係していきます。自動車の運転、バスケットボールのドリブル、ペン回しなどもこれに該当します。

この『海馬非依存型』は、定着させるためにより多くの繰り返しが必要ですが、いったん定着するとなかなか消えない記憶です。科目で言うと、数学や物理などはこの側面が強く、スポーツを習得するときのように『技』を繰り返し、無意識化する必要があります」

では、具体的にはどう復習すれば良いのだろうか。

「人は無意味な単語を記憶した場合、『エビングハウスの忘却曲線』に沿った忘れ方をします。これは、記憶してから20分後に内容の42％を、1時間後には56％、1日後に74％を忘れるというもの。1週間後に77％、1カ月後には79％になります。

『忘れそうなタイミング』で、もう一度覚え直した場合、今度は忘れ方がより緩やかになります。つまり、**学習した『翌日』『翌週』『翌月』に復習することで長期記憶化することができる**と考えられます」

また、時間軸を「6で割る」という方法も良いという。

「カリフォルニア大学の研究によれば、学習からテストまでの期間は『6』で割るのが最適な復習タイミングということです。つまり、試験日など、期限までに物事を覚えなければならない場合、**期限までの『6分の1』のタイミングで復習すると記憶が定着しやすい**のです。

もしも60日後にテストがあるなら、10日後が最適なタイミングです。そして残り50日をさらに6で割ると、答えは約8。復習した8日後にまた復習すればいいのです。

これは、仕事で部下に指示を出す場合にも応用できます。大事な仕事を任せたら、締め切りを6で割った日に再度リマインドするのが、適切なタイミングです」

脳をだまして やる気を出す方法

勉強を進めるにあたって大事な「やる気」も、記憶の定着率を左右する。やる気をコントロールする方法についてもアドバイスをいただいた。

「やる気がないときでも、『絶好調だ』などと口にしながら、とりあえず机に向かってみると良いかもしれません。実はこれだけでも脳はだまされ、本当にやる気が出たりします。人の脳には意識している層より、無意識が支配している層が意外と大きいからです。

こんな実験結果があります。腰痛持ちの人たちに、偽薬を『これは偽薬です』と告げたうえで飲んでもらったところ、全体で30％もの人の症状が改善しました。『医師が説明したうえで薬を処方した』という状況から、偽薬と知っていたにもかかわらず脳がだまされたのです。

また、行動と快感を結びつける『線条体』という部分は、なんらかの行動を始めれば、それを持続するようにできている器官です。**まず5分だけ勉強を始めると、そこで線条体が活性化され、『作業性興奮』が出てくる**のです。やる気がなくてもとりあえずやりはじめることで、自然とやる気が出るというわけです」

脳と記憶の仕組み

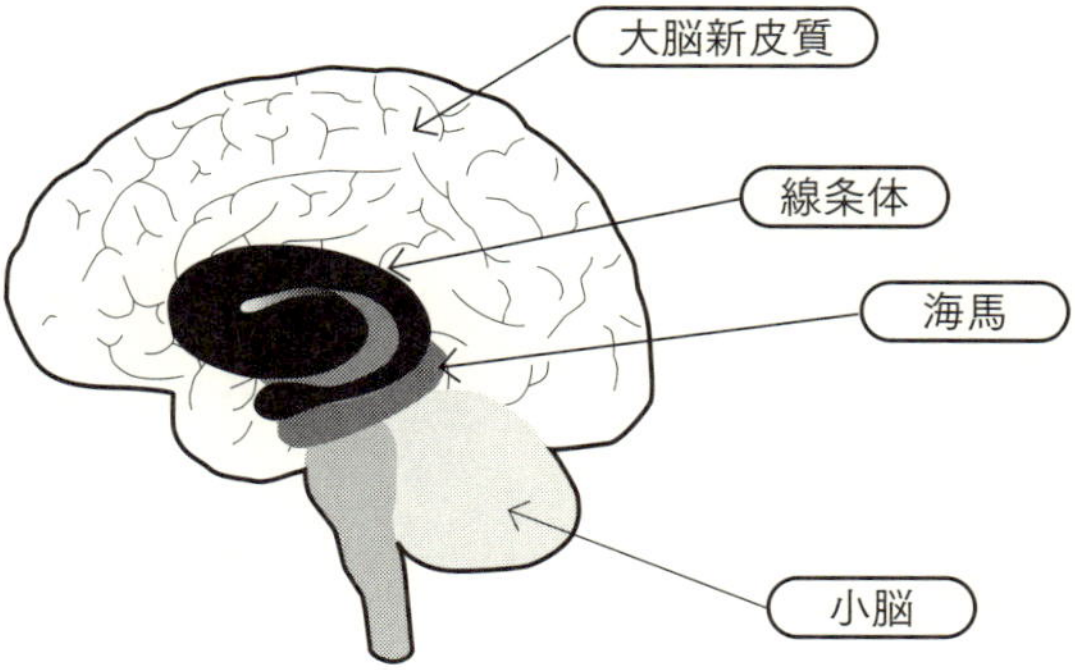

「短期記憶」と「長期記憶」

脳に入ってきた情報は、まず海馬が司る「ワーキングメモリ」に書き込まれ、「短期記憶（一時記憶）」となる。これは数十秒間の短い時間だけ保持される「そのときだけの記憶」で、覚えられる項目もわずか7個前後である。目にしたもの、耳にしたものをすべて記憶してしまわないために、「忘れる」ようにできているということだ。このうち、長く記憶に定着させるべきものだけが、大脳新皮質に移って保管され、「長期記憶」となる。

「海馬依存型記憶」と「海馬非依存型記憶」

「海馬依存型記憶」は、いわば言語的記憶で、「陳述的記憶」とも呼ばれる。英単語や法律の条文など、言葉にできるもののことだ。

「海馬非依存型記憶」は、手順や身体の動かし方など、「技の記憶」とも言うべきもので、運動野や線条体、小脳などが関係してくる。これを身につけるためには「海馬依存型記憶」よりも多くの繰り返しが必要だが、いったん身につくとなかなか消えない記憶でもある。科目で言うと、数学や物理などは「技の記憶」の側面が強い。

集中する技術

「気が散る」原因は体調にあった⁉

「オフラインの1時間」で、勉強の効果を最大化しよう

「よし、勉強するぞ」と机に向かうも、つい他のことが気になってしまったり、メールや電話に邪魔されたりして、なかなか集中できないことが誰にでもあるはず。実は、現代人は集中して一つのことに取り組むのが総じて苦手になっているかもしれない、と話すのは精神科医の西多昌規氏。集中力を阻む要因とその対策についてうかがった。

Profile

精神科医・早稲田大学准教授

西多昌規

1970年、石川県生まれ。医学博士。スタンフォード大学医学部睡眠・生体リズム研究所客員講師。東京医科歯科大学卒業。臨床現場での診察・治療の他、精神科産業医として企業のメンタルヘルスの問題にも取り組む。睡眠障害やうつ病の最新治療にも詳しく、睡眠医療専門医としての診療も行なう。ハーバード大学医学部精神科研究員、東京医科歯科大学助教、自治医科大学講師として勤務。今年4月より、早稲田大学スポーツ科学学術院准教授。著書多数。

「集中力がない」のは実は良いことだった⁉

集中力がない、すぐ気が散ってしまう、飽きっぽい……といった悩みを持つ人はたくさんいます。私自身、飽きっぽいほうですし、人と会話しながらも他のことに気を取られたりしがちです。

ただ、集中力がないことは一概に悪いこととも言えません。それは言い方を変えれば、関心や注意力の幅が広いということ。技術の進歩で情報量が増え、変化のスピードが上がっている時代ですから、幅広く注意を払う能力を上げなければ取り残される――とも言えるわけです。

とはいえ、時には集中して一つのことに打ち込まなくてはいけない場面もあるのが悩ましいところです。勉強をするときなどはまさにそうです。

では、どうしたら必要なときに集中力を発揮できるのでしょうか。

まず押さえておかなくてはいけないことは、**どんなに集中力のある人でも、体調が悪かったり、睡眠不足だったり、悩みがあったりすれば集中できない**ということ。集中力はコンディションによるのです。一概に「1時間は集中できるようにならなければダメだ」などと考えるより、**「今日の状態で、自分は何分くらい勉強に集中できるだろうか？」と見極める発想のほうがうまくいく**でしょう。

時間がない人ほど勉強に集中できる理由

そのうえで、具体的な集中の仕方としては、時間を区切ること。誰もが言うことですが、やはりこれは大事ですね。

何の予定もない休日に、「今日は1日勉強しよう」と決めて机に向かったけれど、時間はあるからと思ってダラダラとスマホを見たりしてしまう。気づいたら夕方になっていた……そんな経験はありませんか？　時間が十分あって、終わりが決まっていないと「先延ばし」してしまって集中できないもの。「昼休みの30分で勉強する」というように、「締め切り」のある勉強をするようにしましょう。**期限が決まっているとノルアドレナリンという神経伝達物質が出て集中力が高まる「デッドライン効果」を利用する**のです。

あまり時間がないほうが集中できるという意味では、後に出勤が控えている「朝活」も一つの手です。ただ、一般的には若い世代ほど体内時計は男性が夜型、女性が朝型に設定されています。それが歳とともに逆転して、だいたい定年の頃になると男性のほうが朝型になるのです。もちろん個人差はありますが、とくに男性には夜型の人もかなりいるはず。そういう人が無理に朝活に挑戦すると、かえって効率が上がらないこともあるので注意しましょう。

1日1時間の「脱・スマホ」を目指そう

いざ勉強を始めようというとき、すぐに集中できないという悩みもあるでしょう。スマホという究極の暇つぶし・現実逃避グッズが普及して以来、「すぐにやる」のはかなり困難になっています。スマホ依存度については自己診断（次ページ参照）してみていただきたいのですが、現代人のほとんどは程度の差こそあれ、モバイルツールに依存していると言えるでしょう。**解決策としては、勉強をするときだけはスマホの電源を切るしかない**と思います。

勉強中に音楽を聴く程度なら、集中力に悪影響はありません。これに対して、スマホで

「スマホ依存」は集中力低下の要因！

スマホ依存になっていると、いつもスマホが気になり、集中力の妨げになっていることがある。下記の診断でセルフチェックしてみよう。

スマホ依存度チェック

- □自分でスマホ使用をコントロールできないと感じている
- □スマホを使いすぎていると思う
- □生の人間関係よりも、ＳＮＳやネットのほうを優先してしまう
- □友人や家族からスマホの使いすぎを指摘された
- □スマホがないとイライラする
- □ネットがつながらないところには旅行に行けない
- □ネットやスマホをめぐって家族や親しい友人とケンカをした
- □着信がないのにスマホが鳴った（震えた）と勘違いすることがしばしばある

▼

3つ以上あてはまる人は、「スマホ依存」かも！　モバイルツールによって集中力を妨げられている可能性大。

資料：西多昌規著『精神科医が教える「集中力」のレッスン』（大和書房）

ＳＮＳをチェックしたり、着信やＬＩＮＥの通知を気にしたりしながら勉強すると、明らかに集中力が低下し、思考力も鈍ることがわかっています。

また、集中して勉強するときには脳の海馬（記憶を司る部位）が働くのに対して、「ながら勉強」だと線条体という別の部位が働いてしまい、集中力や注意力が浪費される、という研究もあります。

コンディションによるとは

いえ、集中して勉強できるのはせいぜい1日に1時間程度。簡単なことではないかもしれませんが、集中するときはオフラインにすることを目指してください。

日頃の「睡眠」に無自覚の問題があるかも

勉強を始めてしばらく経って、気が散りはじめたときは、無理をせず休憩を取りましょう。

休憩で避けたいのは、席に座ったままスマホを見たり、PCでネットを閲覧したり、といったこと。近年、「セデンタリー（座りっぱなし）」生活は深刻な健康被害を招くことが知られてきました。**休憩の原則は、とりあえず席を離れて立ち歩く時間を作ること。**これが集中力の回復にも役立ちます。

休憩時には、コーヒーやエナジードリンクを飲んでリフレッシュという人もいるでしょう。確かに、カフェインを摂取すれば記憶力が上がるという研究はありますが、効果は微々たるものです。また、とくに中高年はカフェインで睡眠の質が低下する傾向が強いので、夕方以降は避けるべき。コーヒーやエナジードリンクで気分を変えるのはいいでしょうが、あまり頼りすぎないことです。

結局のところ、集中力を最も左右するのは、健康状態と体力です。生活習慣が乱れていたら集中力どころではありません。

なかなか集中できないという人で、日中に眠気を感じることが多いようなら、睡眠時無呼吸症候群ではないかメディカルチェックを受けてみるのも手です。自覚できず潜在的に悩まされている人が多い病気です。

食生活や運動も大事です。平日は歩く機会を増やすこと、休日には少しでも「運動のための時間」を作ることを心がけましょう。**たとえ週1回でも運動の効果はあることが立証されています**。まずは散歩から始めて、慣れてきたらジョギングなど、好きな運動に発展させればいいでしょう。

健康という土台があって初めて、集中力を高めるテクニックを活かせるということを忘れないでください。

集中力ＵＰのためにはどちらが正解？

○	×
1日1時間ずつ、7日間勉強する	1週間のうち1日だけ7時間勉強する

一気に長時間勉強しようとしても、まず集中力が途切れてしまうし、1回の負担を減らしたほうが習慣化しやすい。また、少しずつ進めるほうが、勉強したことが定着するという。

○	×
休憩のたびに身体を動かす	休憩のたびにコーヒーを飲む

カフェインには一時的な覚醒作用はあるが、摂りすぎると睡眠の質を低下させるので、コーヒーの飲みすぎに注意。座りっぱなしは身体に悪影響をおよぼすので、休憩時には身体を動かそう。

○	×
朝食を摂る	朝食を摂らない

朝食を摂ることで体内時計がリセットされて身体が目覚める。また、大脳のエネルギーは糖から作られるので、朝から頭を使うために糖質を摂るのは◎。できればたんぱく質、脂質も摂りたい。

○	×
机上に観葉植物を置く	机上には勉強道具のみ

自然の緑には、リラックス度や仕事の満足度に加え、集中力や注意力をアップさせる効果があるという実験結果がいくつも存在する。目の疲れを癒やす効果も。疲れたときは緑を見よう。

○	×
場所を変えて勉強する	いつも同じ場所で勉強する

いつも同じ場所で勉強していると、環境の変化に弱くなる可能性あり。資格試験を受ける場合などはとくに、「アウェー」でも集中できるよう、日頃からさまざまな場所で集中する訓練を。

記憶術

これで「覚えられない」悩みを解消！

情報を長期記憶に刻み込む「最強の手順」とは？

137ページで記憶と脳のメカニズムについてご紹介したが、覚えるためには具体的にどうすれば良いのか、詳しく知りたいという人も多いだろう。そこで、予備校のカリスマ講師として知られ、ビジネスパーソン向けの勉強法などの著書も数多く出版している出口汪氏に、覚えるべきことをしっかり記憶し、それを定着させるための方法論についてうかがった。

Profile

㈱水王舎代表取締役

出口 汪

1955年、東京都生まれ。関西学院大学大学院文学研究科博士課程単位取得退学。広島女学院大学客員教授、論理文章能力検定評議員。現代文講師として、予備校の大教室が満員となり、受験参考書がベストセラーになるほど圧倒的な支持を得ている。また「論理力」を養成する画期的なプログラム「論理エンジン」を開発、多くの学校に採用されている。『出口汪の「最強！」の記憶術』（水王舎）など、著書多数。

まずは記憶するべき内容を厳選する

学生時代、試験勉強などで「暗記」しなければならないことは多かったと思います。そんなとき、なかなか覚えられず苦労した経験を持つ人は、「自分は頭が悪いから覚えられないんだ」と思っているかもしれません。

実は、それは間違いです。**記憶力は本来、頭の良し悪しとは関係のないもの**です。では、覚えられる人とそうでない人は何が違うのか。それは、記憶するための「方法」です。方法を間違わなければ、誰でもきちんと知識を蓄積できるのです。

間違った方法とは何かというと、典型例としては「詰め込み型暗記」です。学生時代、歴史の年号や英単語をやみくもに覚えた経験が誰にでもあるはず。これは効率の悪い方法です。

とくにビジネスパーソンの場合、学生の試験勉強と違い、記憶したことをアウトプットし、パフォーマンスにつなげなくてはならない立場でしょう。そのとき、膨大な暗記で脳内が情報過多になっていては、適切に情報を取り出せません。

そもそもこの時代、情報の量や正確性に関してはコンピュータのほうがはるかに上。細かいことは機械に任せ、「大事なことだけを覚える」のが肝要です。

では、大事なこととそうでないことを見分けるには何が必要でしょうか。それは論理力です。書かれていることを筋道立てて理解する力が不可欠なのです。

論理的に物事を見るときの物差しは3つ。「イコール関係」「対立関係」「因果関係」です。

個々の事例や現象から共通項を引き出す、共通項を持つ概念との対立概念を見出す、何が原因で何が結果かを見極める。これらの視点を持てば、書かれていることを構造的に理解できます。記憶するには、この「理解」が不可欠なのです。

覚えておきたい知識は「長期記憶」に保存

「理解しなくても、覚えることは可能では?」と、「詰め込み経験者」は考えることでしょう。確かに、一時的に記憶することはできます。しかしその記憶を、ずっと維持できるでしょうか。

記憶には「短期記憶」と「長期記憶」があります。五感で受け取ったあらゆる情報は、一時的に脳の「海馬」に保管されますが、この短期記憶は、すぐに忘れ去られるものです。電車で向かいに座った人の服の色は、降車直後なら覚えていられても、数時間後には忘れるでしょう。

それに対して、「これは保存すべき」と脳が判断した情報は、「側頭葉」にある長期記憶に入ります。

その判断基準の一つが「関心」です。もし向かいに座った人が魅力的だったり、服のデザインが印象的だったりすれば、数時間が経っても記憶は薄れません。興味があれば自然に情報は頭に入り、持続するのです。

そしてもう一つの基準が「理解」です。情報を整理して理解すると、脳はそれを長期記憶に振り分けます。

つまり**目指すべきは、関心と理解とを持って「長期記憶」へと情報を刻み込むこと**なのです。

とはいえ、関心や理解抜きで覚えなくてはならないこともあります。資格試験などの場面ではやはり暗記が必要。「語源の共通する英単語を、系統立てて覚える」「法律の条文の意図を考える」といった論理的理解をするにも、その前提となる知識を暗記しなくてはなりません。

記憶維持の決め手は「反復」のタイミング

そこで役立つのが「反復」です。テキストを読み込んで短期記憶に刷り込んだ後、それが消えないうちに再び見て確認。また消えそうなタイミングで確認――これを4〜5回繰り返すと、長期記憶に刷り込まれます。

覚える量を絞り込むため、使うテキストは1冊に絞りましょう。その1冊を「バイブル」にして、何度も見て脳になじませていくのが得策です。

この作業で一番大変なのは、1回目です。未知の情報を頭に入れるには労力がかかるからです。そのとき、学生時代の教科書や参考書をバイブルにするのは大いに効果的です。はるか昔とはいえ、一度触れた情報は「そうそう、こうだった」と思い出しやすく、記憶

最初の復習は
「8割方覚えている」タイミングで！

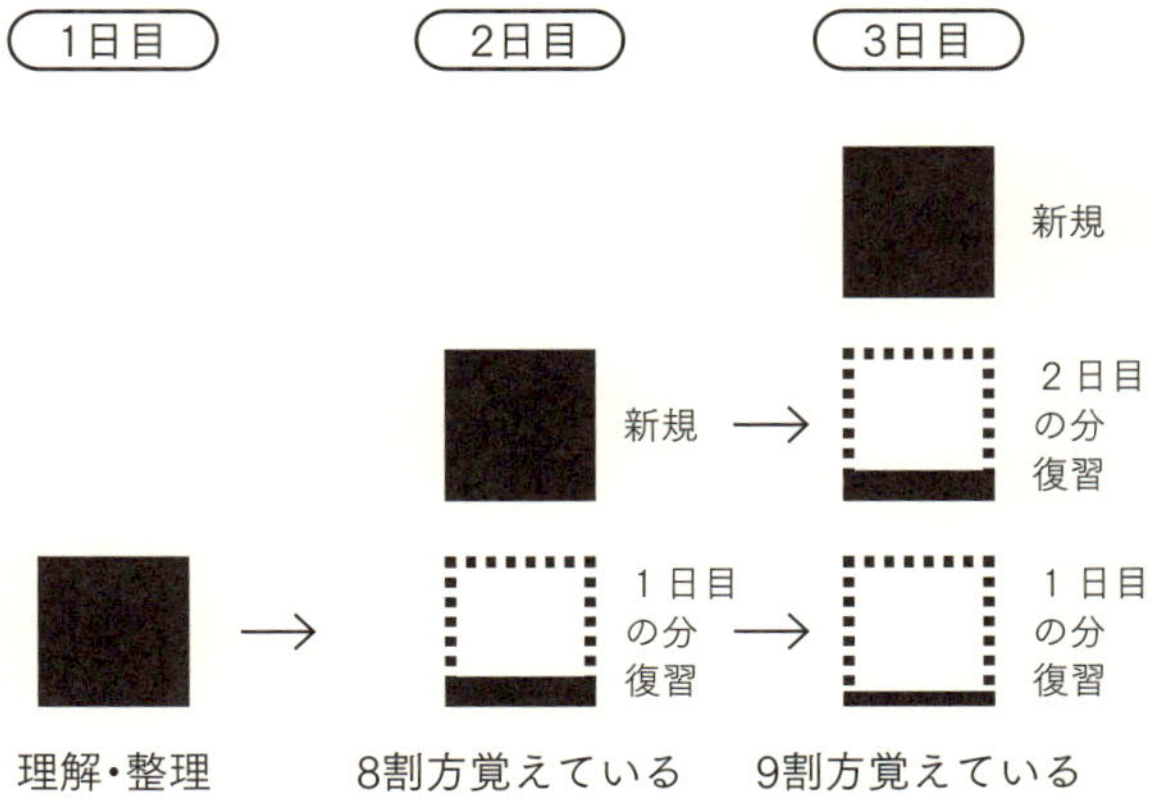

「復習が大事」と言っても、1冊のテキストを頭に入れる際、ページが進むにしたがって反復する量＝復習の量が増えていくことになる。すると、後半になるほど勉強が大変になるのではないか――そう考える人がいるかもしれないが、実はそうではない。
初めて読むときは予備知識がゼロなので、理解と整理に時間がかかる。しかし、そうして理解した部分を2回目に見るときには、1度目の記憶が8割方残っているため比較的楽になる。忘れた2割を学び直せば良いので、さらに新しい範囲に進む余裕があるだろう。3度目ともなると9割方は覚えているので、残りの1割のみを復習すれば良い。
つまり、適切なタイミング＝短期記憶が薄れないうちに反復すれば、復習量の膨張は起こらない。もし増えるとしたら、最初の理解が不十分か、もしくは反復の間隔が遅いことが原因と考えられるので、やり方を見直してみよう。

も強化されやすいのです。

加えて、暗記とはいえ、論理的に理解しようとする姿勢も不可欠。**「ポイントはどこか」「キーワードは何か」などと絶えず考えながら読む**ことが大事です。

こうして1回目が済んだら、1時間後には2回目を。短期記憶が薄れる前に同じ情報に触れ、理解できていなかった部分を反復します。すると、1度目より記憶が薄れる速度も遅くなるので、3度目は翌日でOK。1度目に行なったことをすべておさらいしましょう。そしてさらに1週間後、4度目のチェック。覚えていないものだけを集中的に学習すれば万全です。

アウトプットで記憶はさらに強くなる

読むだけでなく「書く」ことも有効です。**手を動かして確認することで、より集中力が高まります**。キーワードにマーカーを引く、重要事項をノートに整理するなどの作業で、記憶をさらに強めましょう。

ノートは、書いた後も繰り返し見てチェックし、覚えられたところは塗りつぶしましょ

記憶をしっかり定着させる「最強の手順」とは？

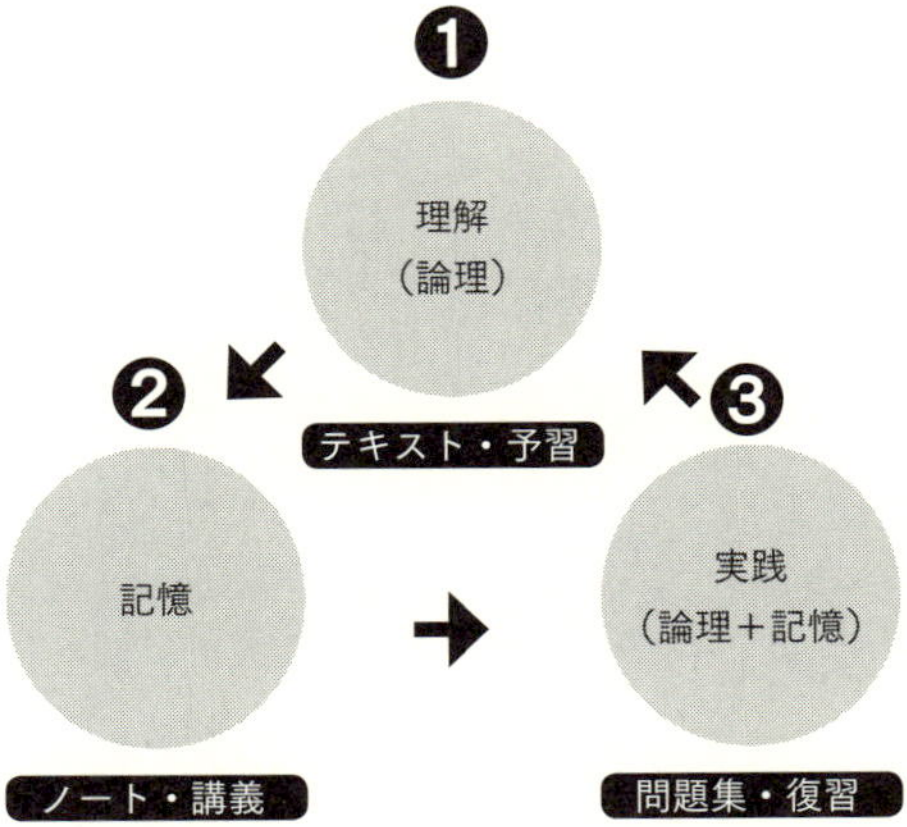

この繰り返し！

知識を自分のものにする最も効果的な方法は、論理的思考による「理解」で「記憶」を促し、それを「実践」（アウトプット）する、という順番で学ぶことだ。
これを具体的方法に落とし込むと、❶1冊のテキストを、論理的理解を目指しつつ読む、❷そのポイントをノートに書き、何度も読み直す「反復」を行なって記憶する、❸問題集を解く、というプロセスとなる。
❸の段階では、外に向かって表現するために再び論理的思考力を働かせることになる。その結果、さらに強く記憶されるという複合効果が得られる。「人に教える」「発表する」など、アウトプット的な要素を意識的に増やせば、飛躍的に成果が上がるだろう。

う。塗りつぶし用のノートの他に、保存用としてきれいに清書したノートを作るのも良い方法。いわば、「書く」というアウトプットの反復です。アウトプットは、記憶を強化するには最適の方法です。

そういう意味では、1～2度目の反復初期、まだ知識があいまいな段階で問題集を解くのもお勧め。問題を解くには理解しないといけないので、論理的思考力がフル稼働します。

さらに良いのは、人に説明することです。たとえば、本の内容をしっかり記憶したいなら、概要や感想を話せる場や仲間を作ると良いでしょう。理解しなければ説明できませんから、思考力を働かせて読まざるを得ません。

学んだことをどう表現するか。その視点を持てば、より確かな知識の蓄積が可能になるでしょう。

タイムマネジメント術

勉強スケジュールは「細かく決めない」ほうがいい

やることを絞り込み、確実に積み重ねる

仕事に家庭に、何かと忙しい40代。働きながら資格取得や英語の勉強をするには、タイムマネジメント術が不可欠だ。弁護士の佐藤孝幸氏は、働きながら米国公認会計士試験と司法試験の勉強を独学で行ない合格した経験を持つ。その独習法を振り返っていただきながら、働きながら勉強するためのタイムマネジメント術についてうかがった。

Profile

弁護士／米国公認会計士

佐藤孝幸

1969年、神奈川県生まれ。早稲田大学政治経済学部卒業後、外資系銀行に就職。働きながら米国公認会計士資格の取得を目指して勉強を開始し、わずか1年で合格。その後、米国の大手会計事務所に就職し、渡米。帰国後を視野に入れて、米国在住のまま司法試験の受験勉強を開始し、2年間の独学で帰国後に一発合格。著書に、『働く人のための超速勉強法』（大和書房）などがある。公認内部監査人（CIA）、公認金融監査人（CFSA）、公認不正検査士（CFE）。

勉強の予定は細かく決めすぎない

「仕事が忙しくて、勉強する時間が取れない」——そんな人に参考にしていただきたいのが、私のタイムマネジメント法です。私は、働きながら米国公認会計士試験と司法試験に合格しました。その体験を元にした実践的な方法をお伝えしましょう。

まず、学習スケジュールを立てるときの基本として、よく言われるのが、「目標から逆算し、日々のスケジュールに落とし込んでいく」ことです。たとえば、資格取得の場合は、試験日から逆算し、残り6カ月なら月ごとのプランを立てて、そこから1週間のプランに落とし込み、さらに日々のスケジュールに落とし込むといった具合でしょう。

目標から逆算するのは私も賛成ですが、一つ異なることがあります。

それは、「細かく逆算しないこと」。具体的に言えば、「この月には基礎固めをする」といった**ざっくりとした長期プランだけ立てておき、あとは、今日、明日の予定を立てるだけ**。週ごとのスケジュールなどは細かく立てなかったのです。

なぜなら、細かく立てたところで、すぐに予定が狂うからです。自分の時間を勉強だけ

「その日やること」だけを決めよう

勉強を続けられる人
＝
その日やること
だけを決める

毎日の積み重ねで達成感が得られ、予定どおりできなかったときも調整が利く。

挫折しがちな人
＝
先のスケジュールまで
細かく決める

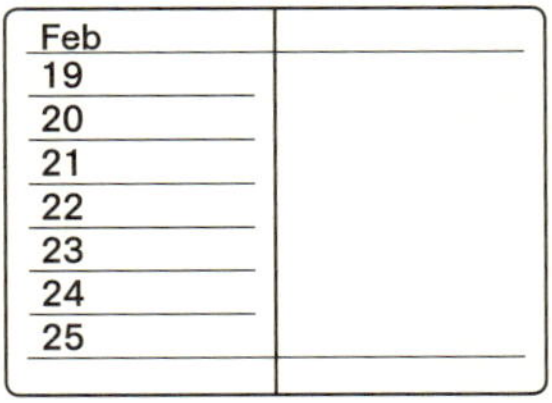

急な仕事などで予定どおり進まなかったときに調整が大変で、モチベーションも下がってしまう。

に費やせるならともかく、仕事や家庭を持ちながら勉強すると、急な残業や子供の急病など、意図しないことで予定が崩れます。すると、今日やるべきことが繰り越され、それが続くと、挽回するのが困難に。結局、予定を立て直すだけでなく、達成できなかったことでモチベーションも下がります。

週末をバッファにして、「平日の遅れを週末に取り返す」というスケジュールを立てる人もいますが、私はそれも危険だと思います。週末は時間がありそうに見えますが、何かと用事に追われたりして、思ったより時間が取れないものです。すると、平日の遅れを取り戻せず、ますますストレスが溜まります。

それなら、**なんとなく長期プランを念頭に置きながら、今日、明日で何をするかだけ考えるようにしたほうが、ストレスが溜まらなくて良い**というわけです。

日々の計画を立てるときのポイントは、1日のノルマを確実にできる範囲にとどめること。すると、目標が達成しやすくなるので、勉強が楽しくなり、「もっと勉強したい」といった好循環に入れます。

要は、忙しい中で勉強を続けるには、モチベーションを保つことが重要だというのが、私の考えです。

邪魔されない「朝」に効率良く勉強する

もっとも、「そんなに余裕を持っていては、試験当日までに勉強が終わらないのでは？」と心配する人もいるでしょう。確かに、最低限の量をこなすには、1日の勉強時間をできるだけ多く捻出することが必要です。

日々、時間を確保するためには、まず、出勤前の朝の時間を活用することが大切です。

朝は頭がスッキリしているうえ、仕事の連絡や遊びの誘いなどのジャマも入らないので、集中して勉強できます。私が司法試験の勉強をしていたときは、朝6時にカフェに行き、始業時間の9時までの約3時間を勉強に充てていました。

さらには、往復1時間の通勤時間も、貴重な勉強時間です。とくに早朝は座って行けるので、落ち着いて勉強ができました。

夜、帰ってからもできるときは勉強していましたが、**帰宅までの4時間の勉強ですでに1日の目標はクリアしていた**ので、精神的にも余裕がありました。

通勤時間などのスキマ時間を活用するために、私は、立ってでも勉強できるような準備をしていました。たとえば、問題集はできるだけ小さくて薄いものを選び、さらには一部のページだけを破って、持ち歩いていました。「次の駅に着くまでに、問題を1問解く」などとゲーム感覚にすると、楽しく勉強に取り組めました。

早朝に勉強し続けるためには、早く寝ることも大切です。睡眠時間が足りないと能率が上がりませんし、毎日続きません。私は毎日7時間は寝るようにしていました。

早く寝るためには、**仕事のタイムマネジメントもしっかり行ない、残業をしないことが不可欠**です。たとえば、作業時間を予測して、その仕事にかけられる時間を決めて、制限時間内にこなすこと。私はメールの返信にかける時間も「1通につき3分以内」と決めていました。

また、仕事の優先順位を決め、優先度と重要度の高いものからこなし、低いものはやらないようにしていました。そうしたことを積み重ねることで、睡眠時間を確保できました。

ノートを作るのは時間のムダ！

せっかく捻出した時間を有効活用するためには、効果の低い勉強方法を見直して、ムダなことをしないことも大切です。

個人的にその最たる例だと思うのが、「ノートを作ること」です。頭の中を整理する目的であれば、まったくのムダではないかもしれません。しかし、多くの人がきれいに書こうと考えてしまうため、やたらと時間がかかります。また、あとで見直して役立つといっても、受験途中の人が作ったノートがうまくまとまっているとは思えません。それなら、既存のテキストに書き込みをしていったほうが効率的です。

「どのテキストが良い」とか「今年はこの問題が出る」といった受験情報をネットでチェ

資格試験の勉強のステップ（本番まで3カ月の場合）

Step❶　1週目　入門書3冊を読む

▼

Step❷　2〜10週目　過去問を中心に解く

試験の傾向をつかみ、出題されやすい知識を確実に習得するためにも、資格試験は過去問を徹底的にやることが合格への近道。試験の内容にもよるが、あまり古いものは時代に合わなくなっている可能性があるので、5年分もあれば十分。具体的な進め方は下記のとおり。

▼

Step❸　10週目〜ラストスパート
○×式や一問一答式の問題集を何度もやる

多くの問題集を買っても中途半端になりがち。
1冊に絞り、一問一問を正確に理解しながら進めるほうが効率が良い。

過去問のやり方

1回目：過去問を眺める

●どんな問題があるのか？
●出題形式は？
●問題数は？

▼

2回目：過去問を読む

●とりあえず問題を読み、考えてみる
●わからなければ、すぐに解答を見る
●解けなかった問題に印をつける

▼

3回目：過去問を解く

●2回目と同じ要領で進める

▼

4回目以降：印が2個ついた問題を中心に解く

●2回目と同じ要領で進める

※資料：佐藤孝幸著『働く人のための超速勉強法』（大和書房）をもとに、編集部が作成

ックするのも、要領が良いように見えますが、実際は時間のムダづかい。玉石混淆《ぎょくせきこんこう》の情報に惑わされ、あれこれ迷っている時間があったら、目の前の問題を1問でも解いたほうがよほど有益です。

また、時間を有効活用するために、私は、**1つの科目に没頭するのではなく、複数の科目を同時並行で進める**ようにしていました。人は、同じことをずっとやっていると、飽きてくるものです。目先を変えることで、集中力が保てますし、科目ごとの勉強量に偏りができるのも防げます。

「記憶する」より「深める」のが速習のカギ

それでも覚えられない人のための脳が喜ぶ「英単語の覚え方」

英単語は、やみくもに丸暗記をしようとしてもなかなか覚えられるものではないし、覚えたところで「使える」ようにはならない。イングリッシュ・ドクターの西澤ロイ氏によれば、実は中学英語程度の基礎的な単語で、日常会話の8割はカバーできるという。にもかかわらず英語ができないのは、知っているはずの単語を真に理解し、使いこなしていないから。英単語を「深める」覚え方とはどういうことか。

Profile

イングリッシュ・ドクター
西澤ロイ

1977年、北海道生まれ。TOEIC990点満点。獨協大学英語学科で学んだ言語学に、脳科学や心理学も取り入れ、英語流の「発想」や「考え方」を研究・実践することで、大人だからこそ上達する独自のメソッドを確立。英語に対する誤った思い込みや英語嫌いの解消、心理面のケア、学習体質改善などを通じ、英語が上達しない原因を根本から治療する。著書多数。「頑張らない英語」シリーズ（あさ出版）が10万部超のベストセラーに。

学校で教わった学習法を一度手放そう

「私は単語力がないから英語が話せない」——そう考えて、まずボキャブラリーを増やそうと考える人は多いと思います。しかし、実は**中学英語で習う1000語程度で、日常会話の8割をカバーする**ことができます。

なぜなら、英語の基本的な単語は日本語よりも意味が広いからです。たとえば、日本語だったら「服を着る」「帽子をかぶる」「ズボンをはく」などとたくさんの動詞が使われますが、英語ではすべて「put on」で表現できてしまいます。

つまり、ボキャブラリーを「増やす」必要がある人はそれほど多くはないのです。それよりも、すでに知っている単語への理解を深め、使いこなせるようになれば短期間で英語が話せるようになります。

単語についての理解を「深める」には英語の感覚をつかむことです。そのためには、まずは学校で教わった学習法を手放すことが必要なのです。

単語は「覚える」よりも「感じる」ことで身につく

学校英語では常に日本語に訳して理解することが求められてきました。要するに日本語のフィルターをつけたまま英語を見るということです。そうすると覚えることがどんどん増えていきます。覚えることが多すぎると、挫折の原因になります。

たとえば、leaveという動詞には「去る、出発する、残す、（置き）忘れる」などの意味があります。このように1つの単語につき、たくさんの日本語訳を覚えなければならないのが従来の学習法でした。

また「訳す＝理解する」だと勘違いしている人も少なくありません。英語を見ると日本語に訳すクセがついてしまっているのです。

日本語で考えると、いろんな意味がありすぎてわけがわからなくなってしまいますので、これを**日本語訳ではなく「感覚」でとらえ直す訓練をしましょう**。leaveは、「ある場所から離れる」という動作を表します。どこかから離れることは、そこに残すことにもなる。だから「残す」とか「置き忘れる」ことも表すのです。このように感覚でとらえると、英語はすごくシンプルなものなのだとわかるでしょう。
「深める」べき単語は、品詞で言うと基本的な動詞と前置詞。前述したように1語に幅広い意味がありますので、数十単語を理解するだけで、英語の世界が大きく開けます。基礎的な英単語は「覚える」のではなく、本来「感じる」べきものなのです。

脳は「短いカタマリ」なら苦もなく覚えられる

新たな英単語を「増やす」よりも、まずは知っているつもりで使いこなせていない基本的な単語を「深める」ことが重要だと、わかっていただけたと思います。そのうえで、よりいろいろなことを書いたり話したりするためには、語彙を「増やす」ことも必要になってきます。

実は、脳は3～5桁の数字や、3～5文字くらいの短い情報なら、苦もなく記憶できます。逆に言うと、なかなか覚えられないのは情報が長すぎてオーバーフロー（処理能力を超えてあふれること）してしまっているから。たとえば、「２７１」という数字はすぐに覚えられますよね。では、「192967231487」はどうでしょうか。すぐには頭に入らないかも

語源から単語の幅を広げよう

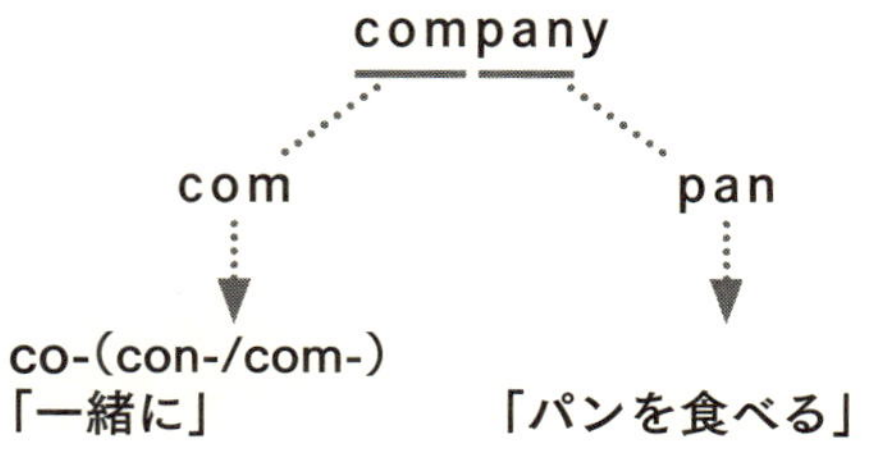

cooperate　一緒に（co）稼働する（operate）
⇒協力する
conductor　一緒に（con）導く（duct）人（or）
⇒指揮者、導体

「会社」を意味する company は、「一緒に（com）パンを食べる（pan）」が語源になっている。このように語源から考えると覚えやすい。また、この「一緒に」を意味する接頭辞「co-」がつく単語は他にもたくさんあり、「co-」から広げて覚えることができる。

しれません。しかし、これを「1929-6723-1487」と区切ってみるとどうでしょう。かなり覚えやすくなったのではないですか。

　これと同様に、**長い単語は短く区切って覚える方法が有効**です。たとえば、Wednesday（水曜日）なら、「Wed-nes-day」と区切ってみるだけで、つづりがずっと頭に入りやすくなります。

　また、語幹や接頭辞、接尾辞などの語源を活用すると、単語の意味がわかりやすくなります。たとえば、transfer（転勤する）という動詞の語源が「trans（越えて）＋

fer（運ぶ）」だとわかれば、ラクに覚えられませんか？　また、語源つながりで芋づる式に別の単語を覚えていくこともできます。

さて、「覚える」ことよりも大事なのは記憶を定着させ「忘れない」ようにすることです。**新しい単語は一度覚えたら、1～2時間以内に復習します。**これを1日のうちに何度か繰り返します。この繰り返しが楽にできるようになったら、1日置いてから同じことをやってみる。1日空けても問題なく思い出せたら、2、3日空ける。このように繰り返せば記憶は効率的に定着させられます。

好きな分野を入り口に一点突破で学ぶ

語彙を「増やす」ために、多くの人が市販の単語集を買ってきて覚えようとすると思います。ですが、そのような単語集は誰かが覚えるべき単語を選んで作ったもの。そこには知らない単語や興味を持ちづらい単語も数多く載っていることでしょう。そうなると、覚えることが苦行となってしまいます。

私がお勧めするのは、**覚えたい単語を自分で見つけてきて自分なりの単語帳を作るこ**

英単語の持つ意味を「感じ取る」

例：「駅に行くバスに乗った」と英語で言うには？

▼

答え❶　I took a bus to the station.

答え❷　I got on the bus to the station.

答え❶と❷、どちらも正しい英語だが、絵にしてみると少しイメージが違う。「take」を使った❶のほうは、駅に行く手段がいくつもある中で、バスを選んで乗った、というイメージ。「get on」を使った❷は、1台のバスが目の前にあって、それに「乗り込む」というイメージだ。
「駅に行くバスに乗った」という文をぱっと見たとき、あなたが思い描いた絵はどちらだろうか？　書いた英文がその絵と合っているかどうかが重要なのだ。このように、動詞の持つ意味を感覚でとらえることが、英語を真の意味で使いこなすことに通じる。

　イラスト：ゆづきいづる

と。大変に思えるかもしれませんが、記憶効率は圧倒的に良いと思いますので、ぜひ楽しんでやってみてください。

脳は自分にとって大事な情報を記憶に残すようにできています。大事な情報とは「登場する頻度」や「興味や関心の度合い」が高いもの。つまり、あなたが興味や関心を持っている物事を脳は「自分にとって大事だ」と判断して記憶に残そうとします。

たとえば、プロレス好きな人はプロレスに関する単語を覚えれば良いのです。「それでは知識が偏るのではないか」と思うかもしれませんが心配いりません。

プロレスのことを語ろうとすれば文法や発音が必要になり、自然に学ぶようになります。プロレス好きの仲間ができれば、プロレスの話題はもちろんのこと、それ以外のことも話したくなるものです。そうなれば、結果的にバランス良く英語を学ぶことになります。**「好きな分野」を入り口にしたほうが、上達は速い**のです。

第**3**章

あの人は、社会人になってからいかに英語をマスターしたか？

働き盛りの40代ビジネスパーソンの英語習得を阻むのは、「時間」だろう。また、膨大な業務をこなしながら学習のモチベーションを保つのも並大抵のことではない。

世界を舞台に第一線で活躍する「あの人」たちは、忙しい合間にいかに英語習得の時間を捻出し、急に降りかかる難題をクリアしていったのか。

第３章では、「使える」英語の学び方・使い方をビジネスの最前線で活躍する識者たちに解説していただく。いずれも「結果」に裏打ちされた社会人ならではの知恵が満載。あなたが英語を学ぶ意義を見直すきっかけにもなるはずだ。

国際標準の「英語ができる人」とは？

中学生レベルの英語でも使えば世界はどんどん広がる

インターネット証券という新業態を切り開いたベンチャー起業家であり、米国などでも事業を展開する松本大氏。彼は外国人を相手に、どんな英語で何を話しているのか？　これからますます国際化の波にのみ込まれていくだろう日本のビジネスパーソンのために、英語を学ぶ意義と、その勉強法をお聞きした。

Profile

マネックス証券㈱代表取締役会長CEO

松本 大《おおき》

1963年、埼玉県生まれ。87年、東京大学法学部卒業後、ソロモン・ブラザーズを経て、ゴールドマン・サックスに勤務。94年、30歳で同社最年少ゼネラル・パートナーに就任。99年、ソニー㈱との共同出資でマネックス証券㈱を設立。現在、事業持株会社であり、個人向けを中心とするオンライン証券子会社を日本・米国・香港に有するグローバルなオンライン金融グループであるマネックスグループ㈱およびマネックス証券㈱両社のCEOを務める。

写真：江藤大作

※この記事は2015年2月号に掲載されたものです

中学生レベルの英語でも世界でビジネスができる

「これからの日本人ビジネスパーソンには英語が必須」などという話をよく聞きますが、私自身は「誰もが英語を絶対に身につけるべき」とまでは思っていません。ただ一つ、確実に言えることとは、「英語が話せると世界が広がる」ということ。マネックスグループは海外への進出を次々と進めており、今や海外の社員のほうが多くなっているくらいです。英語があまりできない社員もどんどん海外に出て行っていますが、みんなとても楽しそうに仕事をしています。私自身もダボス会議などいろいろな国際会議に出る機会が増え、確実に世界が広がっていったと思います。

しかも、私の持論は**「仕事で英語を使うぶんには、高度な英語力など必要ない」**というもの。なぜそう言えるのか。私自身、中学生に毛が生えたレベルの英語力しかないのに、英語で仕事を十分にこなせているからです。

私が使っている英単語や文法は中学1～2年生レベルのものばかりです。つい先ほど送ったメールを見ても、「I want you to do ○○.」や「You don't need to sell ○○ yet.」といった具合ですから、中学生レベルの作文と大差ありませんよね。

そもそも、世界を見回しても、みながみな、きちんとした英語を使っているわけではありません。たとえば、米国のブッシュ元大統領の英語なんて、それはもうひどい。「三単現のs」などまずつかないし、明らかな単語の誤用も少なくありません。しかし、その英語力で国連やG7などの国際舞台で堂々と話しているわけです。

ネイティブのブッシュ元大統領ですらこうなのですから、みなさんが**ビジネスの場で多少発音や文法を間違えたところで問題はない**はず。ならば、英語を使ってどんどん世界を広げていったほうが良いのではないでしょうか。

何も話さない人は英語ができない人

そもそも私は学生の頃から英語が苦手でした。リスニングはほとんどできないし、大学受験のときに英単語を覚えようとしなかったのでボキャブラリーも乏しい状態でした。

それでも英語を話すことに憧れがあったので、大学4年生のとき、一人で米国を旅行したことがあります。マサチューセッツ州にあるタフツ大学の寮に安く泊まらせてもらったのですが、サマースクールで寮にいたいろいろな国の学生に話しかけてもまったく話が通じず、相手の話も聴き取れないという有様。一人で食事をしているのがつらくなり、3週間の滞在予定を2週間で切り上げて日本に逃げ帰りました。誰にも見られたくなかったので、午前4時にコソコソと寮を出て……。ものすごい挫折でしたね。

そこで「外資系企業で働けば英語ができるようになるに違いない」と一念発起し、大学卒業後、ソロモン・ブラザーズに入社。3年後に転職したゴールドマン・サックスと合わせて、計12年間、外資系企業で働きました。さすがに仕事の英語くらいは理解できるようになりましたが、ディーリングで使う英語はかなり特殊なもので、それ以外の話になるとさっぱり。英語力が向上したという実感はまったくありませんでした。

英語力という点で転機となったのは、独立してマネックス証券を設立したあとです。経営者として、他の企業の経営者や投資家といった外国人に自社の事業を英語で説明する機会が増えていったのです。

それまでは同じ証券会社の人間とばかり話していたので専門用語が通じましたが、初対面の異業種の方には通じるわけがありません。そこで、**できるだけ簡単な表現に直して伝えるよう、努力をした**のです。

もちろん、文法や単語の間違いはたくさんあったでしょう。ただ、繰り返しているうちに表現力が高まり、相手に自分の話が伝わるようになりました。さらに、外国人社員に指示したり、外国人経営者とパーティの席などで話したり、といった場数を踏むうちに自信がつき、ますます堂々と話せるようになったのです。

そうした経験からわかったことは、外国人とつきあううえでは、いくらリスニングが上手でも、ひと言も話さないと「英語ができない」と見なされるということ。一方、**発音や文法がめちゃくちゃでも、自分の考えを一所懸命、自信を持って堂々と話す人は、「英語ができる人」と認めてくれる**のです。

カタカナ英語同士で話すことで自信がつく

「英語が話せる人」になるための第一歩は、**「自分はどんな仕事をしているのか」「今日何をしたのか」を英語で説明できるようになること**だと思います。私はその練習と実践を繰り返し行なってきたことで、英語力が向上していきました。

ポイントは、上手に話そうとしないことです。「きれいな発音で」とか「正しい文法で」などと考えていると、話せなくなってしまいます。カタカナ英語でも、文法を多少間違えても、ＬとＲの区別があいまいでも、臆《おく》せずに話しましょう。

すると、だんだん英語に慣れてきて、表現が頭に浮かぶようになります。カタカナ英語でも通じることがわかれば、自信もつくでしょう。実際、カタカナ英語でも意外と通じてしまうものなのです。

説明の練習をする相手は外国人がベストですが、英会話学校などに行く時間がないとなると、なかなか見つからないでしょう。それなら日本人でもかまいません。

こんな自分の経験をもとに、社員にも壁を破ってもらおうと、昨年（２０１４年）、「カタカナ英語ナイト」という社内イベントを6回ほど行ないました。カタカナ英語しかできない日本人社員が集まり、カタカナ英語だけで会話をするという飲み会です。英語が上手な社員が一人でもいると、「この人の前で話すのは恥ずかしい」という気持ちが生まれるので、参加不可にしました。

面白いもので「カタカナ英語」と限定すると、みんながどんどん話すようになります。最初は「I want to drink more wine!」などとたどたどしく言っていた人間が、いつの間にか立派に英語で仕事の話をしたり、クダをまくようになる（笑）。こうやって話していると、自分で思っているよりもボキャブラリーがあり、話せることに気づくのです。「カタカナ英語ナイト」の仕切り役をした社員は、今では立派に米国の子会社で英語を使って仕事をしています。このイベントによって少なからず自信がついたのでしょう。

私は、中学英語くらいの知識がある人なら、十分英語で仕事ができると思っています。それどころか、**ビジネスの場で複雑な表現はあまり使わないほうが無難**です。誤解を招きやすいからです。中学生レベルの簡単な表現を使ったほうが、間違いがないとすら思っています。ぜひ、みなさんも英語を使って、より楽しく仕事や人生を過ごしてほしいと思います。

Column

わからなかったらわかったフリをするな!

会話の中でわからない単語が出てきたとき、松本氏はすぐに「それ、どういう意味?」と聞くそうだ。

「すると、ほとんどの人が、誰でもわかるような表現に直して、もう一度説明してくれます。どんなことでも必ず簡単に説明できるもの。日本語でも、子供新聞は大人の新聞と99%同じことを、やさしい言葉で書いていますよね」

また、仮にうまく聴き取れなかったときは、「なんとなくこういうことを言っているのでは？」と予想して、なんらかの返答をするという。

「もし間違っていたら『いやいや、そういうことじゃない』と相手から返ってきます。しかし、何も言わなければ理解したものと思われてしまう。これでは上達しません。聴き取れないことは流してしまいがちですが、勇気を持って流さないことが大切です」

英語が苦手な日本人が、世界と渡り合うにはどうすればいいのか？

グローバルスキルとしての「英語力」の身につけ方

藤巻健史氏と言えば、外資系投資銀行で活躍し、業界にその名を轟《とどろ》かせた「伝説のトレーダー」。国際金融の現場で丁々発止《ちょうちょうはっし》のやり取りをしてきた人なのだから、当然、その英語力はネイティブ並みのはず……と思っていたら、実はそうではないという。自らが「フジマキ・イングリッシュ」と呼ぶその英語力は、かなりブロークンなもので、流暢とはほど遠いのだそう。それでも世界を相手に仕事ができたというのは、いったいどういうことなのか？　藤巻氏にグローバルスキルとしての英語力の真髄をうかがった。

Profile

㈱フジマキ・ジャパン代表取締役社長／参議院議員

藤巻健史《たけし》

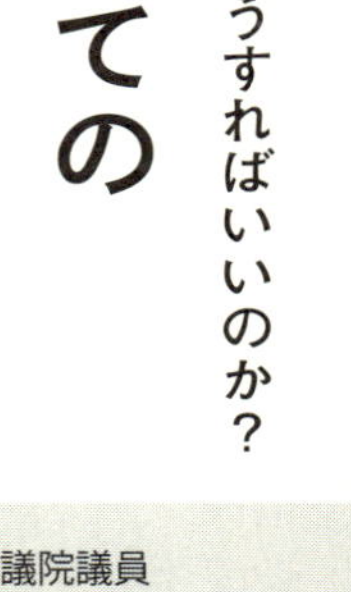

写真：永井 浩

1950年、東京生まれ。一橋大学商学部を卒業後、三井信託銀行に入行。ロンドン支店勤務などを経て、85年に米銀のモルガン銀行に転職。同行で資金為替部長、東京支店長などを歴任し、東京市場屈指のディーラーとして世界に名を轟かせた。2000年、同行を退社後、世界的投資家ジョージ・ソロス氏のアドバイザーなどを経て、現在は日本維新の会所属の参議院議員（全国比例）。

※この記事は2011年9月号に掲載されたものです

なぜ「英語が下手」でも海外で活躍できたのか？

――ＮＨＫの『英語でしゃべらナイト』に出演なさったそうですね。

藤巻　オファーをもらったときは、「本当に私でいいんですか？」と聞き返しましたよ。それくらい英語力には自信がないんです（笑）。でも先方の話では、英語が上手な人が出ると、かえって視聴者が引くらしいんです。観ている人が「これなら自分のほうがうまい」と優越感を持てるくらいの英語力で、なおかつインターナショナルな世界で働いている人がいいと。「だったら藤巻さんだろう」という話になったらしいです。

――しかし、藤巻さんが「自分の英語は下手」とおっしゃっても、経歴からはとても想像できないのですが。

藤巻　いや、本当に下手なんですよ。**モルガンにいたときは、英語での電話会議に「通訳」がついた**くらいです。私の「フジマキ・イングリッシュ」を理解できる人が、ちゃんとしたアメリカン・イングリッシュに同時通訳してくれるんですね（笑）。

――それで許されたというのがすごいです。

藤巻　確かに私の英語は褒められたものではありませんでしたが、世界中のモルガンのスタッフは、必死になって私の言うことを理解しようとしてくれました。なぜなら、それだけのメリットがあったからです。

当時は今と違って、日本のマーケットが非常に注目されていた時代です。各国のスタッフは私の日本市場の分析をしっかり理解して、顧客に伝える必要がありました。だからなんとか理解しようとしてくれたわけです。

つまり、**仕事で実績を挙げているかぎり、たとえ英語が下手でも向こうが耳を傾けてくれる。**逆に仕事ができなければ、どんなに英語が上手でも誰も話を聞いてはくれないでしょう。ここが重要です。

――まずは英語よりも仕事ができるようになれ、と。

藤巻　そういうことですね。でも、そういう一方では、「もっと英語ができれば良かったな」と思うこともありますよ。

生意気な言い方になりますが、英語が上手かったら、私はモルガンの社長や会長になれたかもしれない。外資系企業は徹底したトップダウンのシステムですから、リーダーにとってコミュニケーション能力はとても重要。英語が下手だとやはり不利なのです。

モルガン銀行で「カリスマディーラー」として活躍していた頃の藤巻氏（中央）。輝かしい仕事の実績に反して、英語力は決して自慢できるものではなかったという。

それでも、私も仕事の英会話は、95%以上は理解できていました。だから、5時まではいいんですよ。問題はそのあとの時間ですね。

――仕事よりもオフの会話が難しいという話はよく聞きますね。

藤巻　欧米のビジネスパーソンは、歴史や文化についての高尚な話をごく当たり前のように夜中の2時3時まで話し込みますからね。彼らの話題で一番初歩的とされるワインの話も、なかなかついていけなかった。お酒を飲むと眠くなりますし（笑）。

とはいえ、**海外では、歴史と文化を語れなければ尊敬は得られない**、ということは覚えておいたほうがいいと思います。だから若いビジネスパーソンは英語を勉強するだけではなく、**自分の国の文化や歴史についてもきちんと学んでおくべき**でしょうね。

勉強を始める前にまずは使ってみる

――「英語が下手」とおっしゃっても、海外で働くには英語について相当の努力は必要だったはず。藤巻さんはどのような勉強をなさっていたのでしょうか。

藤巻　そもそも、私は海外で働く気なんてなかったんです。そんな私がなぜアメリカに行ったのかというと、営業の仕事が性に合わなくて、それから逃れるように社内の留学制度に応募したからです。当然、それなりに英語ができなければ卒業できませんから、そこは必死でやりました。

留学中は少しでも英語を耳に入れるために、ニュースをずっと聞いていました。当時の日本では英語のニュースを聞くことさえなかなか難しいことでしたが、今はCNNでもABCでも簡単に視聴できます。誰でもできる勉強法ですね。

「英語を使えるようになった」と実感したのは、モルガンに入ってからです。当たり前のことですが、話さなければ仕事は進みません。ビジネスで使いながら通じるようになっていった、という感じです。

――外資系企業への転職にあたっては、英語力に不安はなかったのでしょうか。

藤巻　誤解している人も多いんですが、外資系企業で働くのに、英語が流暢である必要は必ずしもないんです。

私がビジネススクールに留学して思ったのは、「アメリカ人は、思っていたほどたいしたことないな」ということ。英語は下手でも、能力では負けないと思った。だから外資で働こうと思えたわけです。

日本の英語教育がダメなのは、点数をつけて、それで「英語の点数が低い＝できないヤツ」というレッテルを貼ってしまうことです。だから英語ができないのは恥ずかしいことだと、みんな思い込んでしまう。

――確かに日本人の多くは、「英語くらい話せないと恥ずかしい」と無意識のうちに思ってしまっていますね。

藤巻　でも、ロシア語だったら、話せなくても別に恥ずかしいとは思わないでしょう？　**英語だって世界の一方言にすぎないわけですから、話せなくて恥ずかしいと思うのは、本来はおかしなこと**なのです。

だから、勉強法以前の問題として、まずは下手でも気にせずに英語を使うということが大事です。

モルガンで資金為替部長をしていた頃の話ですが、中国系アメリカ人の教育担当者が新入社員をずらっと並べて、わざわざその前で私と会話をするんです。何だろうと思ったら、「藤巻さんのように、どんなに下手な英語でも大きい声で堂々と話すことが一番重要だ」ということを教える研修だというんですね（笑）。

日本人は文法を考えて言葉に詰まってしまったり、発音に自信がなくておどおどしてしまったりしがちですが、**下手でも堂々としていればいい**んです。英語が上手でないからといって頭が悪いわけでもなければ、無能なわけでもない。自信を持って大きな声で話せば通じるものです。

――しかし、なかなかその度胸がない、という人は多いと思いますが。

藤巻　それには最初の一歩として、「英語が通じる経験」をするといいんじゃないでしょうか。

少し前に家族でスイスに行った際、うちの次男とスイス人の若者が英語で会話をしていたんですね。私が横で聞いていても、どちらもめちゃくちゃな文法で、めちゃくちゃな発音です。でも、ちゃんと会話が成り立っている。まずはそうやって、「自分の英語でも通じる」という自信を持つといいと思います。

――確かに、英語圏でない国でお互いに下手な英語なら、気軽に話せそうです。

藤巻　道具として英語を使ってみることが重要なんですよ。その経験を経てから、勉強を始めたらいい。そうした経験なしにいきなり勉強から入ってしまうと、「正しい文法」「正しい言い回し」といったことが必要以上に気になるもの。そこで行き詰まると、「使う」というところまでたどり着けなくなってしまう。そうした状態に陥るのを避けるためにも、まずは下手なりに話してみることです。

日本人の多くが英語上手になる秘策

――会話以外のスキル、たとえばリーディングについてはどうでしょう。

藤巻　英語を読む力は、会話力以上に重要だと思います。日本人は日本語の媒体に頼りすぎていますから。

情報源が日本語の媒体だけだと、日本の状況というフィルターがかかった状態で世界を見てしまう。たとえば、閉塞状況に陥っている今の日本経済を見て、「もう資本主義はダメだ」と考えてしまう、といったことです。

でも、**経済が長いあいだ停滞しているのは日本くらいのもので、多くの国は元気**ですよ。たとえば、NYダウは連日、高値を更新しています。株価が最高値の4分の1になっている日本とは全然違う。でも、日本人が日本語で書いたものだけを読んでいると、そういうことになかなか気づけないんですね。だから英語で書かれたものも、ニュースソースとして組み入れる必要があります。

――英語を読む力をつけるにはどうしたらいいのでしょうか。

藤巻 たくさん読むのが何よりの処方箋です。会話と同じことですが、**言語の上達は結局のところ場数が左右する**、というのが私の考えです。今はネットを使えばいくらでも生の英語に触れることができますよね。自分の専門分野について英語で情報を取るのを習慣にすれば、実務上のメリットも大きいと思います。

――やはり、地道に経験を重ねるしかないんですね。今後も日本人が、英語が劇的に得意になる、ということはないのでしょうか。

藤巻 そんなことはないですよ。私はいずれは日本人も英語が得意になる、というか、得意にならざるを得なくなる、と思っています。

――それは、どういうことですか？

藤巻　**日本人が〝内向き志向〟で英語を話さなくていいのは、「円高」だから**ですよ。通貨には、その国の国力が反映されます。今は一時的に円高になっていますが、残念ながら日本の国力はかなり弱ってきていますから、いずれ円は暴落すると私は思います。そうなれば海外に出て行く人はかなり増えるはずです。

考えてみてください。年収５万ドルの仕事は１ドル＝80円の為替相場なら年収４００万円ですが、仮に１ドル＝１０００円なら、年収５万ドルは５０００万円ですよ。今後はそれくらい円が弱くなっても、決して不思議ではないのです。

これまでは、多くの人にとって英語ができることが、経済的にそれほど魅力的ではなかったから真剣に取り組む人が少なかった、というだけです。けれども、英語ができれば儲かるとなれば、みんな必死になって勉強を始めるはずですよ。もし、１年海外で働いただけで家が建つとなったら、勉強する気が湧いてくるでしょう？　それが市場原理というものです。僕が資本主義が好きなのは、そういうシンプルなところなんです。

「50の手習い」でもレッスンすれば
脳は一度使った回路を覚えている

想定される場面のスクリプトを丸暗記する

「陰山メソッド」提唱者として知られるカリスマ教育者の陰山英男氏は、50代になって海外での仕事が増えたことにより英語を改めて学習しているという。全国各地を飛び回る多忙な毎日の中で、どのように英語学習の時間を確保しているのか。お話をうかがうと、自身の英語学習にも「陰山メソッド」に近い方法を応用しているようだ。

Profile

立命館大学教育開発推進機構教授
／立命館小学校校長顧問

陰山《かげやま》英男

1958年、兵庫県生まれ。岡山大学法学部、佛教大学通信教育課程卒業。81年、兵庫県内の小学校に赴任。87年、「百ます計算」の創始者である岸本裕史氏と出会う。以後、「百ます計算」を応用した反復学習を取り入れるなど、「陰山メソッド」と呼ばれる独自の学習理論を確立していく。2002年、『本当の学力をつける本』（文藝春秋）がベストセラーとなり、教育者としてますます注目されるようになる。03年、尾道市立土堂小学校校長に全国公募により就任。05年、文部科学省中央教育審議会教育課程部会委員就任。

写真：清水 茂

※この記事は2011年9月号に掲載されたものです

必要な英文を丸暗記する

――英語学習を始めたきっかけを教えてください。

陰山　近年、僕の本が海外で翻訳されて売れたことで、海外視察に行って現地の教育関係者と意見交換をしたり、講演をしたりというふうに、海外で仕事をする機会が増えてきたからです。

――大学卒業以降、英語にはブランクがあったのですか。

陰山　ブランクどころか、完全に真っ白でしたよ。田舎の小学校の先生という、グローバルとは１８０度違う仕事でしたからね。

そもそも、英語が使えるといいな、と初めて感じたのは、10年くらい前、小学校での英語教育ということが言われ始めた時期のことでした。勤務先の小学校にも週に一度、ＡＥＴ（アシスタント・イングリッシュ・ティーチャー。ネイティブの講師）が来るようになり、派遣されてきたカナダ人女性に地域の名所を案内することになったんです。最初はクルマの中でも沈黙していたのですが、城崎《きのさき》のお寺を案内するのに、仏像の説明などを少しずつ片言で話すようになりまして。**1日一緒に行動しているうちにかなり話せるようになり、夕食のときにはギャグを交えて会話ができるまでになったん**です。もちろん1日で語彙が増えたわけでもなく、稚拙な英語には違いないんですが、立派にコミュニケーションが取れるようになっていたわけです。

それからもう一つ、これもずいぶん前になりますが、インドのカルカッタ（現コルカタ）で、日本とインドの教育について現地の校長先生と議論をする機会があったのです。そのときも片言ながら有意義な話し合いができて、英語をしゃべることによって得がたい経験ができるということを実感したんです。

そういう体験がまずあって、それに加えて最近では仕事でも英語が必要になってきたというのが、本格的に学習を始めるきっかけでした。

――どんな学習を？

陰山　僕にとって必要なのは日常的な英会話と、自分の教育についての考え方をメッセージするという2つ。それに適した内容を学びたくて、表参道にある「バイリンガルFM」という英会話教室で英語を習っていました。ここでは自分のしゃべりたいことをマンツーマンで講師と会話するというスタイルで、その内容を脚本のように文章にして覚える

陰山流：緩く長く続ける英語学習❶

自分に合ったシチュエーションの英文を丸暗記

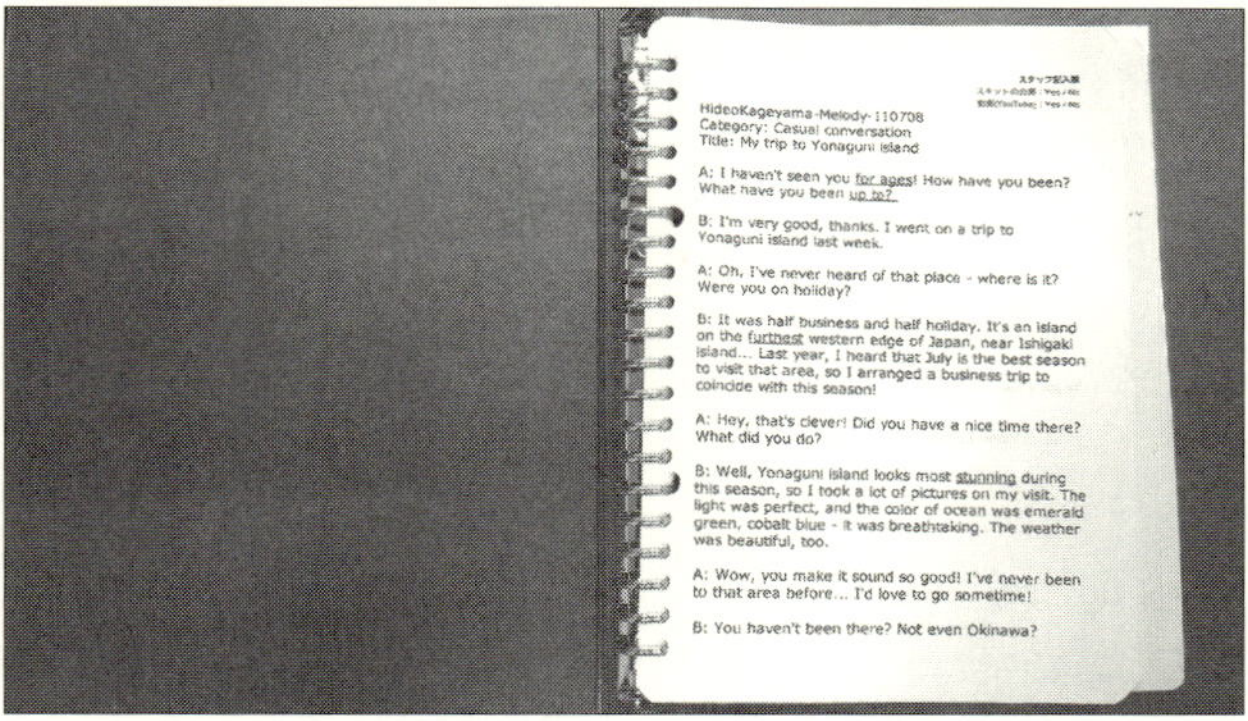

日常会話と教育関係のメッセージという、想像しやすい場面に合わせた表現を重点的にマスター。陰山氏は、バイリンガルFMという教室に通って学んでいた。

んです。

——それを使ってどのように学習するのですか。

陰山　教室ではまず、前回のものを覚えているかどうかのチェックから入ります。実際に講師の方と会話のやり取りをするんですね。そのあとで、新たに話をする。そこでたとえば、「来週は与那国《よなぐに》島《じま》に行きます」と言うと、それをネタに英会話をしながら、その場でスクリプトを作っていくんです。さらに、その内容を先生が録音してくれるので、自習するときには聞きながら、音読練習できるわけです。

僕はまずテキストの英文を訳して書い

陰山流：緩く長く続ける英語学習❷

和訳と英文を書いて覚える

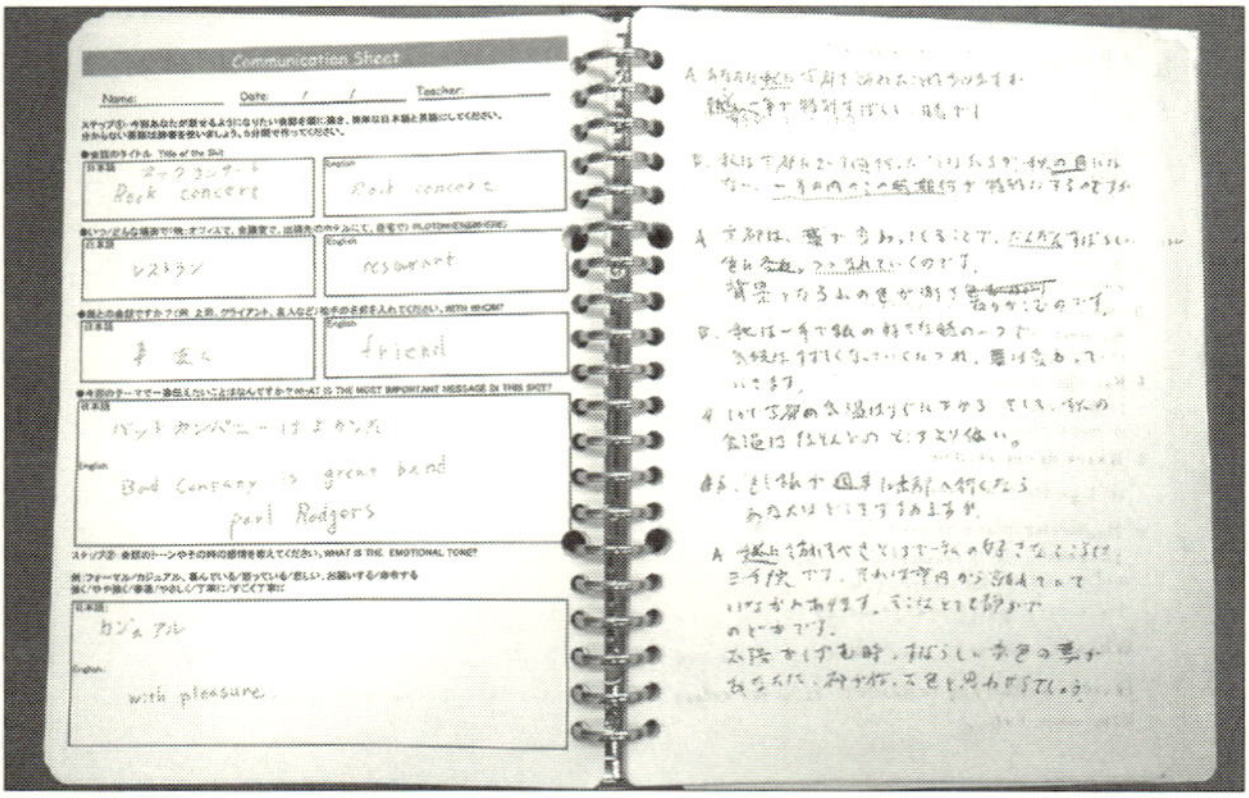

「書くことは脳を動かすこと。こうすることで記憶が定着します」（陰山氏）

てみて、訳をもとに英文を丸暗記し、そのあとで記憶した英文を書いていくという方法で覚えていました。

——訳さずに英語のまま覚えたほうがいいとも聞きますが、あえて訳すのはなぜですか。

陰山　確かに、訳すと頭の反応もワンクッション置いてしまうので効率が悪いし、日本語を介すると単語の持っているニュアンスが変わってしまうこともありますから、本当は英語のまま覚えたほうがいいですね。**僕が訳す理由は単純で、そうしないと覚えられないから**（笑）。このレッスンでは暗記することで新しい単語や表現方法を教えてもらっているわけなので、一言一句覚えることに意味があるからです。ちなみに、**読む、書く、聞く、話すの４つを比較すると、書くことが一番脳を動かす**んです。聞くことが一番動かない。よく「シャワーのように英語を聞きなさい」と言ったりしますけど、**聞くだけではなく、書くことにも注目してほしい**です。

内容を絞って反復学習する

――レッスンは効果的でしたか。

陰山　イメージトレーニングがしやすいところが良かったですね。まったく自分の生活にないようなところを想定しても、イメージが湧かないけれど、これは今度あの場面で使おうなどと、イメージしながら話せます。それに、よく使う単語や表現はだいたい決まってくるので、そこをきっちり押さえられるのがいい。今は仕事が忙しいので、英語についてはこれに絞って反復学習していました。

それと、集中的に数日間の特訓をした時期があったのですが、これは効きました。これによってわかったのは、**一夜漬けのガリ勉でもけっこう使える**ということ。そういうやり方だと内容は1カ月後には忘れているということも多いのですが、使った回路は残っているので、あとで必要になったときには思い出すことができるんです。

きっちり継続することができれば一番いいですが、**とりあえず緩く長く続けるというのも効果がある**と思います。これは多忙なビジネスパーソンの方にも言えますが、緩く続けられる状態というのは、逆に言えば、「英語ができなければ仕事にならない」というような切羽詰まった状況ではないということですよね。そういう状況で根を詰めたら、挫折のもとです。ダラダラと続けるのも努力のうち。いざ本当に必要になったときには、それにふさわしい短期間での学習方法というのもあるでしょう。

本当に英語ができないと困る人というのは、日本には少ないと思います。その一方で、僕みたいな田舎の小学校の教師でも、何かのきっかけで海外での講演を求められることもある。みんなが必要になるというわけではないけれど、絶対に必要ないと言い切れる時代でもなくなっているわけです。ですから、**いつかどこかで必要になったときに、本格的に入り込めるように準備をしておくべき**だと思います。

学習法は、単純ですが徹底的に読んで書くこと、音読することがいいと思います。

――リスニングはいかがでしょうか。

陰山　意外なことに、聞く能力はすぐ伸びます。もちろん、意味がわかるためには語彙が必要になるのは前提条件ですが、技術論としては、一見難しそうで簡単だったのは聞き取ること。それと、読み書きは時間をかけて辞書を使えばできるし、受験勉強でもやっているから、抵抗はないでしょう。

一番難しいのは話すことですね。これはなぜかというと、語順が違うから。僕はちょっとだけ韓国語もやろうとしたことがあるんですが、韓国語は日本語の語順と似ているんです。だから、知っている単語を並べればそれなりにかたちになる。ところが英語は違う。単語を知っていても話せないのは語順の問題なんですよね。

――どうしたらそのハードルを越えられるでしょう。

陰山　慣れですね。英語の語順というのは大事な順に並べればいいだけなので、とても合理的なんです。慣れてくるとすらすら出てくるようになります。

学習とは脳を上手に使うトレーニングだというのが僕の持論なんです。そういう点でいうと、英語も脳の言語領域をどのようにトレーニングするかという方法であると。だから、**本気で英語を身につけたいなら、毎日やること。これに尽きます**。その意味ではやはり留学して、英語を使う環境に身を置くことは効果的でしょう。

――ビジネスパーソンの多くは、留学が難しい状況ですが、どうしたらいいのでしょう。

陰山　それなら、外国人の友達をつくって話すようにすればいいんです。僕も留学生と話すことを積極的にしています。留学生は日本に関心が高いですから、日本のことについてたくさん質問してくる。いい練習になります。

単語を覚えるときはニュアンスを重視

――語彙を増やすには。

陰山　これは、話してみて相手に指摘してもらうのがいいですね。たとえば英会話学校で、先生が「北海道にも沖縄にも行ったことがない」と言うので、僕は「それは『tragedy』だ」と言ったんです。冗談交じりに「悲劇」と言いたかったのですが、これでは重すぎて、ニュアンス的に違うんだそうです。こういう場合は『outrageous』というのがぴったりくると教えてもらいました。これだと少し軽いニュアンスになるのだそうです。

陰山流：緩く長く続ける英語学習❷

本と映画で単語に適したニュアンスを知る

たとえば「超字幕」シリーズなら英語の字幕と日本語の字幕、両方を確認しながら名作映画が観られる。ホームページにはレベル別に作品解説があるので、自分に合ったものを選んでみては。
http://www.sourcenext.com/product/chj/

このように、言葉は生ものだから、場面に適した使い方というものがあります。それを考えると、**本や映画から学ぶのもいい**ですね。映画のDVDを英語の字幕で観てみるのをお勧めします。映画に出てくる単語は、実は知っている単語がかなり多いのです。でも意味がわからないのは、日本語の同音異義語と同じで1つの単語にいろんな意味があるから。それを映画の場面のニュアンスと合わせて習得していくわけです。

——陰山先生は、日本の英語教育についてはどのように思われますか。よく受験英語が批判されたりしますが。

陰山　受験英語って馬鹿にしちゃいけないと思いますよ。コミュニケーションツールとしての英語と言えば聞くことと話すことですが、本当に高度な英語が必要とされるビジネスパーソンや学者の場合、文語つまり文書や論文を読み書きする力も重要になりますよね。このときに役立つのが受験英語なんですよ。

それに、今、日本の英語教育においてマイナスと言われているものが意外にプラスだと、海外で仕事をするようになってわかりました。

たとえば文法。学校の英語の授業で、SV、SVC、SVOC、SVOOなど、習ったでしょう。僕も学生のときは、「何でこんなことを覚えなきゃならないのか」と思っていたんです。でも実は、英語は文の構造にパターンがあって、ここに単語を載せていけば文が完成しちゃうということなんですよね。

それから、日本人の英語の先生の発音も批判されがちですが、これについても世界中どこへ行ってもプラスの評価ばかり。フランス語訛りやスペイン語訛りより、よほどわかりやすいそうです。**ネイティブがゆっくり喋ったときの発音は、実はジャパニーズ・イングリッシュに近いんですよ。**それに、世界中を見ればネイティブよりも非ネイティブのほうが圧倒的に多いわけです。それを考えれば発音なんてそれほど気にしなくていいってことです。

仕事で英語を使うなんて全然恐れることじゃない！

外国人に大人気の旅館の「単語英語」のおもてなし

東京の下町・谷中《やなか》に、外国人観光客から愛される家族経営の旅館がある。旅館澤の屋だ。宿泊客の9割を外国人が占めている。そう聞けば、「当然、従業員は英語が完璧なのだろう」と思われるかもしれないが、まったくそんなことはない。まさに、正しくはなくても「使える英語」が実践されているのだ。

Profile

旅館澤の屋館主

澤 功

写真：永井 浩

1937年、新潟県生まれ。中央大学卒業後、東京相互銀行勤務を経て、65年より旅館澤の屋館主。82年より外国人宿泊客の受け入れを開始し、客室稼働率が常時95％に達する人気旅館となる。2003年、国土交通省が選ぶ「観光カリスマ」に認定され、09年には「ビジット・ジャパン大使」に任命される。

※この記事は2015年2月号に掲載されたものです

小さな旅館こそ外国人を受け入れるべき

当館も、昔は商用のビジネスパーソンや修学旅行の学生など、日本人が利用する旅館でした。しかし、１９７０年代以降、それでは経営が危うくなってきました。近くにビジネスホテルができたこと、都電の路線が廃止されてアクセスが不便になったことなどが重なり、客足がどんどん遠のいたのです。

電話料金にも困るようになったとき、外国人客を泊める旅館への路線変更を勧めてくれたのが、当時、新宿で外国人客に好評を得ていた「やしま旅館」の矢島恭館主でした。

しかし、そのとき私は「とても無理だ」と思いました。その大きな理由が、英語に自信がなかったことです。学生時代に勉強して以来、使ったことがなく、日常会話すらできないのに、お客様として外国人を迎えるなどできないと思ったのです。

それに、当館の部屋は和室で、浴室やお手洗いも共用。外国人客には不便に違いない、とも思いました。

その後も苦境は続き、ついに、３日間、お客様ゼロというときがありました。これは、もう躊躇《ちゅうちょ》している場合ではない。そこで、やしま旅館に見学に行ってみたところ、大いに驚きました。

やしま旅館も当館と同じくらいの部屋数で、浴室やお手洗いは共同なのに、大繁盛している。矢島さんの話している英語はと言えば、非常に簡単なもの。自分が要らぬ思い込みに囚われていたことに気づきました。そこで、82年から、私たちも外国人観光客の受け入れを始めたのです。

以降、33年間にわたり、88カ国、のべ16万人のお客様にご利用いただいてきました。「外国人に大人気の旅館」としてお褒めいただいて、ありがたいかぎりです。

昔の私のように、英語を理由にして外国人客の受け入れをしようとしない旅館は、今も多くあります。２００８年に総務省が行なったアンケート調査によると、外国人のお客様を泊めたことのない宿は38％にも上るそうです。しかも、そのうち72％が「これからも受け入れる意思はない」と答えています。理由として最も多いのが、「外国語で対応できないから」なのです。

そうした旅館には、意識を改めていただきたいと思っています。13年、訪日外国人旅行者の数が１０００万人を突破したことが話題になりましたが、欧米・オセアニアからの観光客数を見ると１６０万人前後で伸びていません。ちなみに、欧米・オセアニアから中国を訪れる観光客は約８００万人。タイには約５００万人が訪れています。日本ももっと頑張って、外国のお客様を呼び寄せなくてはなりません。

小さな旅館は食事や買い物を外でしてもらいますから、宿泊客が増えれば周りの街の活性化にもなります。

それに、私の経験上、**「英語の壁」なんて、実は大したものではない**のです。

文章を作るより単語だけのほうが通じる

外国人客を受け入れるに当たって、少しは英語を話せないといけないと思い、私なりに準備をしました。当時、**中学生だった長男から英語の教科書を借り、旅館で使いそうな文章をいくつも作文して暗記した**のです。

ところが、暗記した文章を口にしても通じない。「What would you like for breakfast?」と言ってみても、日本語訛りのせいなのか、理解してもらえないのです。困った私は、メニューを英文で書いて壁に貼り、それを指さして「Breakfast?」とひと言だけ発してみました。すると、通じたのです。**「一番言いたい単語を発すれば良いのだ」**と発見した瞬間でした。

これまでの経験から、「単語を口にしながら身振り手振りを加えると、たいていのことは通じる」と私は考えています。たとえば、「両替はどこでできるのか？」とよく聞かれます。そうしたら、「マネーチェンジは、バンク。バット、トゥデイはサタデー、クローズ」と答えればわかってくれます。

単語や表現も、実際に経験を積むうちに、必要なものは身についてきます。出かけるときに「オービーバック」と言うお客様がよくいるのですが、それがどう書くのかはわかりません。でも、「すぐに帰る」という意味であることは、経験からわかりました。

英語を聞き取る力も、長年の間にかなり向上したと思います。旅館で使われる言葉はだいたい決まっていますから、想像もつきやすいですしね。

しかし、時にはわからないこともあります。そんな場合、まずはゆっくり話していただく。それでもわからなければ紙を持ってきて文字で書いてもらい、辞書を引きます。それでも無理なら、絵を描いてもらいます。

あるときインド人のお客様たちが言っていることがわからないので絵を描いてもらう

と、細かな点々をたくさん描いて「これがほしい」という身振りをされる。塩を持って行くと「違う」。砂糖を持って行っても「違う」。「あとはこれしかない」と持って行った胡《こ》椒《しょう》が正解でした（笑）。そんなやり取りは、不自由というより、むしろ楽しいものです。

これでお客様が不快になるかと言えば、そんなことはありません。アンケートを取ると、９割以上の方が「うまくコミュニケーションを取れた」と答えてくださいます。「あなたの英語はクリアでわかりやすい」と言っていただけたこともあります。

そう考えると、英語は決して難しいものではありません。確かに、正しく流暢に話そうとするなら、高度な英語力が必要でしょう。しかし、本当の目的は「上手に話すこと」ではなく「通じること」「満足していただくこと」にあるはず。そのための英語なら、**実際の現場に身を置くことで、誰もが身につけられるもの**なのです。

40代からでも英語は1年でマスターできる

目的から逆算し、必要最低限のことを一気に学ぶ

トライオン株式会社社長の三木雄信氏。ソフトバンク時代、孫正義社長のそばで数々の大事業のプロジェクトマネージャーを務めた人物だ。三木氏の英語力はわずか1年で、TOEIC500点レベルから外国人と出資交渉ができるほどまでに急成長した。そのスピード英語勉強法をより詳しくご紹介しよう。

Profile

トライオン㈱代表取締役社長

三木雄信

1972年、福岡県生まれ。三菱地所㈱を経てソフトバンク㈱に入社。27歳で同社社長室長に就任。孫正義氏のもとで「ナスダック・ジャパン市場開設」「日本債券信用銀行（現・あおぞら銀行）の買収案件」「Yahoo! BB 事業」などにプロジェクトマネージャーとして関わる。2006年、ジャパン・フラッグシップ・プロジェクト㈱ならびにその子会社のトライオン㈱を設立。13年に英会話スクール事業に進出、15年には英語学習1年完全サポートプログラム『TORAIZ（トライズ）』を開始し、日本の英語教育を抜本的に変えていくことを目指している。

※この記事は2010年9月号に掲載されたものに、一部加筆したものです

土曜日は調整日、日曜日は勉強しない

学生時代、英語が大の苦手だったという三木氏。英語を本格的に勉強しはじめたきっかけは、ソフトバンク株式会社への転職だった。

「入社してすぐに、孫正義社長の海外出張に同行を命じられました。しかし、当時の私のTOEICスコアは500点程度。初めての出張で、ものの見事に英語ができないことが露呈してしまったのです。これはまずいと思いました」

英語力をつけなければクビになってしまう。そう思う一方で、「社会人になってから勉強してモノになるのか」という不安もあった。

だが、周囲を見渡しても、学生時代に留学経験があるのは孫社長ぐらい。当時の役員でのちにヤフー株式会社社長を務めた井上雅博氏も、中途入社してから勉強して英語が使えるようになったという。

それに、孫社長にしても、英語は決して流暢ではなく、使う表現も限られている。それでも、欧米人をちゃんと説得できるのだ。

「この経験から、ビジネス英語では、①流暢に話せる必要はないこと、②限られた表現を覚えればいいことがわかりました」

それなら英語が苦手な自分でもできるかもしれない――。そう思った三木氏は、「1年で1000時間、英語を勉強すること」を決意する。

「1000時間というのは、英語を耳から完全に理解できるようになるにはそれくらいの時間が必要だ、とよく言われていたからです。また、何年もかかるようでは会社も待ってくれないだろうと思い、1年という期限を自分で設定しました。

とくに急ぐ理由がなくても、英語の勉強は絶対に短期集中でやるべきです。長くても1年半ぐらいで決着すべきでしょう。**1日30分の勉強を何年続けても、話せるようにはならない**と思います」

しかし、「1年で1000時間」という目標を達成するには1週間に20時間、つまり1日3時間は勉強しなければいけない。

「夜は残業があったので、英会話学校の早朝コースに通い、出社前に約1時間。それから往復約2時間の通勤時間に、ビジネス英語のCDを一心不乱に聴く。家から駅に歩く時間も、まるで二宮尊徳のように本とにらめっこしながらヒアリング。これで、なんとか1日

３時間確保できました。

余談ですが、当時の英会話学校の仲間とは今でも交流が続いています。早朝に英会話学校に通うような人たちですから、みんなモチベーションが高い。とても貴重な人脈になっていますね」

毎日できるだけ同じスケジュールで過ごすのが、英語の勉強を続けるコツだという。

「ただ、平日は急な残業で勉強時間が十分に取れないことも多々あります。そこで私は、土曜日をその調整日にあてていました。その代わり日曜日は勉強しない。英語の学習にもメリハリが大切です」

使用する教材を徹底的に絞り込む

三木氏の勉強法のもう一つのポイントは、最初に決めた教材以外には手を出さなかったことだ。

「私の後輩に熱心な英語学習者がいます。英語の本ばかりこれまで１００冊以上読んでいるのですが、残念ながらマスターできていない。彼が**上達しないない原因は２つあります。一**

つは、教材をつまみ食いしすぎること。あれもこれも手をつけるのは、野球もゴルフもサッカーもやるようなもので結局どれも身につきません。本なら1冊、ヒアリング教材なら1つだけを選んで、完璧にマスターするまで繰り返し学習するほうが効果的です。

もう一つの原因は、目標とそれに適した勉強法が定まっていないこと。たんに『英語が話せるようになりたい』というような漠然とした目標ではモチベーションを維持できないですし、最適な勉強法を選び出すのも難しいのです」

では、三木氏はいかにして、勉強する教材を絞り込んだのか。

「私が英語を学ぶ目的はあくまでビジネス。もっと具体的に言えば、『外国人相手にプレゼンをする』『外国人と交渉をする』といったことでした。そこで、そうした場面で使われるフレーズを学べる教材を探し、それを徹底的に勉強することにしました（三木氏が実際に使った教材は次ページと218ページで紹介）」

三木氏が発案した**「英語4本柱シート」**（次ページ❶参照）を使い、使用する教材を絞り込むのもお勧めだ。

ビジネス英語力がアップする「A4-1枚シート」❶

期限	2011年末までに
レベル（目標）	英語で会議を仕切りたい
読む	英語 IT ニュース「CNET.com」
聴く	映画『ウォール街』
書く	メール
話す	オンライン英会話「English Town」

英語4本柱シート

まず、「英語をマスターしてどうしたいのか」という目標と期限を書き込む。次に、「読む」「聴く」「書く」「話す」の4つのスキルを磨くための教材を、それぞれ1つずつ記入。

「目標はなるべく具体的に書くこと。また、4つの中では『聴く』がとくに重要ですから、教材選びも慎重に行なってください」（三木氏）

基礎力を養いつつ付け焼刃で対応

こうした勉強の結果、三木氏の英語力は飛躍的に向上していった。

しかし、ビジネスの現場は厳しい。勉強を始めて1年も経っていないうちから、英語を使った電話での交渉を担当しなければいけなくなってしまった。その頃は、外国人と議論や交渉をする際に、相手の言うことを100％聴き取れるまでにはまだなっていなかったという。

「そんなとき役立ったのが、『**英語交渉シート**』（次ページ❷参照）です。テーマ、事実、結論の3つの項目を明快な英

ビジネス英語力がアップする「A4-1枚シート」❷

テーマ	**I have some reservations about the quality of your product.** 私は、貴社の製品品質について懸念があります。
事実	**The biggest problem in our contact center is the variable product quality.** わが社のコールセンターの最大の問題は、製品品質のバラつきです。
結論	**My proposal is that I send my QC team to your factory in China.** 私の提案は、わが社のQC（品質管理）チームを貴社の中国工場へ派遣することです。

英語交渉シート

交渉の前に、自分が主張したいことを「テーマ」「事実」「結論」の3つに分けて整理。さらに、それを明快な英文に翻訳してシートに書き込んでおく。

「いざ交渉が始まったら、このシートに書いてある内容を読み上げればいい。こうすれば、相手のペースに惑わされることなく交渉を有利に進められます」（三木氏）

文にして書き込むだけ。これらを記入したシートを手許に置いて話を始める。要はカンニングシートですが、これのおかげで無事乗り切ることができました。このシートは通常の交渉でも、もっと言えば日本語の交渉でも非常に役立ちます」

その後も、外国人とのミーティングなど、英語で仕事をしなければいけない機会は次々と訪れる。そのたびに三木氏は、ある方法で乗り切っていった。

「たとえば、台湾のメーカーと品質管理について議論することになったら、品質管理の英語に関する本を買ってきて、使われそうな専門用語を事前に1枚の紙にまとめておくのです（次ページ❸参照）。この効果は

ビジネス英語力がアップする「A4-1枚シート」❸

品質管理単語シート

Accept number ／許容数
Baseline ／基準仕様
Certificate of conformance ／合格証明書
Failure analysis ／故障解析
Failure rate ／故障率
High temperature storage test ／高温保存試験
Inspection lot ／検査ロット
⋮

専門用語シート

外国人とのミーティングで使うことが予想される専門用語については、事前にこのシートをつくっておくのがお勧め。

「要するに、自分だけのちょっとした辞書をつくって、予習しておくわけです。こうすると、否応なしに頭に入ります。私自身、この繰り返しでボキャブラリーが増えていくのを実感できました」（三木氏）

テキメン。完全に一夜漬けですが、絶対に覚えなければいけない言葉なので、いやおうなしに頭に入ってきます。

これを繰り返しているうちに、ボキャブラリーも自然と増えていきました」

三木氏の英語勉強法は、時間をかけて本物の英語力を培いながらも、一夜漬けで「明日の交渉」も乗り切るという、いわば基礎力アップと付け焼刃の両立。

「たとえ一夜漬けであったとしても、それを何度も繰り返して積み重なったスキルは意外と侮《あなど》れません。本物の勉強と付け焼刃的な勉強をうまく並行しながら、ビジネスの現場で使える英語力を短期集中で磨いていきましょう」

何歳の人であっても英語は1年でマスターできる

三木氏は2014年、自らの英語習得法をまとめた書籍『海外経験ゼロでも仕事が忙しくても「英語は1年」でマスターできる』を出版。これが4万部を超えるベストセラーとなった。また同書をきっかけに、意外な展開があったという。

「ある日、誰もがその名前を知る大手金融機関の部長さんが、この本を手に私のもとを訪ねてきました。そして、『この本に書いてあるとおりに、私に英語学習を指導してください！』と突然言ったのです。自分の上司も部下も取引先も、英語が話せる人ばかり。さらに最近では、新入社員でさえもそれなりに英語ができる。『このままでは、会社に自分の居場所がなくなってしまう』という切迫した思いで書店に英語学習の教材を探しに行ったところ、たまたま私の本に出会い、『これだ！』と直感したそうです。突然の申し出に驚いたものの、あまりに熱心に頼まれるので引き受けると、その部長さんの英語はみるみる上達していきました」

その急速な上達ぶりを見ていて、三木氏は「本の内容どおりに指導を受けたい」と考える人が他にもたくさんいるのではないか、と考えるようになった。そして15年6月、英語を1年でマスターするための個人向け完全サポートプログラム『TORAIZ（トライズ）』をスタートさせたところ、予想を上回る数の受講希望者が殺到。16年末時点で受講者数はすでに３００人を突破しているという。

「サービス開始から1年半が経ち、実際に英語をマスターする受講生が続出しています。ちなみに、先ほどの部長さんは、今や一人で海外出張をこなし、英語でのプレゼンやカンファレンスの進行役も務められるまでになりました。1年前は、ネイティブに話しかけられてもまったく会話できなかった人物とは思えないほどです。

また、この部長さんは50代ですが、ヴァーサント（ピアソン社が開発したスピーキングテストで、24時間、３６５日、パソコンまたは電話で受験可能）のスコアが伸びる速さは、20代や30代の受講生に決して負けていませんでした。実際に英語を1年でマスターしていく受講生たちを見ていて、英語力の向上に年齢は関係ないんだなということを実感しています」

三木氏が実際に使った教材 3

❶『初めての英語ネゴシエーション』(語研)

「実際のビジネス交渉の場で使える生きた言い回しを、具体的なシチュエーションごとに紹介している本」を探し回って、ようやく見つけた1冊。「130ページちょっとという薄さも私のニーズにぴったり。この本に出てくるフレーズは寝言でも言えるぐらいに何度も何度も繰り返しました」(三木氏)

※現在、品切れ

❷『ビジネス&留学に使えるMBAの英語表現400』(アルク)

次に取り組んだのがこの本。
「ディスカッションのときに使える表現が多いのが特長です」(三木氏)

※現在、品切れ

❸映画『ウォール街』

シナリオ本を片手に繰り返し観たのがこの映画。
「チャーリー・シーン扮する主人公になりきってセリフをよく真似しましたね(笑)。ビジネスの現場が舞台なので、挨拶や会議での議論など、使えるフレーズの宝庫。何回観ても飽きることはありませんでした」(三木氏)

1つの教材を繰り返し学習するほうが、上達は早い

「いろいろな教材を買って、あれもこれも手をつけていては結局どれも身につきません。本なら1冊、ヒアリング教材なら1つだけを選んで、完璧にマスターするまで繰り返し学習するほうがはるかに効果的です」(三木氏)

巻末付録

覚えているようで意外と忘れている!?

今さら聞けない「中学英文法」の基本のキホン

ここまで多くの人が中学英語の重要性を指摘していたが、実際には意外と忘れていることも多いもの。そこで、改めて知っておいたほうがいい中学英語の文法のエッセンスを、英語関連のベストセラーを数多く生み出してきた佐藤誠司氏にうかがった。

㈲佐藤教育研究所主宰

佐藤誠司

東京大学英文科卒業後、私立中学や高校教諭を経て、現在は㈲佐藤教育研究所を主宰。英語全般にわたる著作活動を行なっている。著書に『英作文のためのやさしい英文法』（岩波ジュニア新書）や『中学英語を5日間でやり直す本』（ＰＨＰ研究所）など、多数。

1 最も基本的な英文の形

「AはBです」を表す文

英語の最も基本的な文の形は「AはBです」を表す「A is B」だ。「This is a pen.」(これはペンです)、「That is a cat.」(あれはネコです)などとなる。

これを否定したい場合は、「not」を入れて「This is not a pen.」(これはペンではありません)とする。通常は「is not」を短縮した「isn't」を使い、「This isn't a pen.」となる。

さらに、これを疑問にしたい場合は「is」を先頭に持ってきて、「Is this a pen?」(これはペンですか?)とする。

「is」に当たる言葉(be動詞)は主語によって変わってくる。「I」(私)なら「am」、「you」(あなた)なら「are」。「we」(私たち)、「they」(彼ら)のように2つ(2人)以上の場合も「are」だ。

まさに基本中の基本だが、意外と忘れてしまっている人も多いかもしれない。再度確認しておこう。

「単数形」と「複数形」の違いに要注意

英語では、単数と複数の区別が非常に重要。それにより単語や動詞の形が変化するからだ。たとえば「a boy」（1人の男の子）が2人になると「two boys」（2人の男の子）と形が変わる。また、先ほども述べたように、「is」に当たる語も主語によって変わる。たとえば「これは（1冊の）ノートです」なら「This is a notebook.」だが、複数のノートになると「These are notebooks.」（これらはノートです）となる。

単語を複数形にする場合は、「desk」→「desks」のように名詞の後ろに「s」をつけるのが基本だが、「bus」→「buses」のように「es」をつけたり、「lady」→「ladies」のように、「y を i に変えて es」をつけるなど、つい忘れがちなルールも。また、「child」→「children」のように、不規則に変化する単語もある。なお、「pants」や「shoes」のように、同じ形の2つの部分から成るものは常に複数形で表す点にも注意。

また、間違えやすいのが「s」の読み方。「s」は「ス」と読まれることも「ズ」と読まれることもあるが、これにはちゃんと法則がある。具体的には、単語の最後が「声を出す音」（有声音）で終わるときは、その後ろにつける「s」は「ズ」と読む。「息だけ出す音」（無声音）のときは、その後ろの「s」は「ス」と読む。

「息だけ出す音」はたとえばk, p, s, fなどで、desksは「デスクス」（机）、capsは「キャップス」（帽子）、booksは「ブックス」（本）となる。一方、g, b, z, v, l, m, n, rなどは「声を出す音」なので、dogsは「ドッグズ」（犬）、girlsは「ガールズ」（女の子）となる。母音で終わる場合も「ズ」と読む。先ほどの「bus」→「buses」の場合も「バスィズ」と読む。

日本語化されている英語の中には必ずしもこの「s」の読み方が正しくないものがあり、たとえばnews（ニュース）は、英語では「ニューズ」となる。

また、特殊なのは「t」や「d」で終わる場合。「ts」は「ツ」、「ds」は「ヅ」と読む。「students」は「スチューデントス」ではなく「スチューデンツ」だ。

「動詞」を使った文章の基本

動詞とは、動作や状態を表す言葉のこと。「A＋動詞＋B」（AはBを～する）というのが英語の最も基本的な文型だ。たとえば「speak」（話す）、「read」（読む）、「write」（書く）、「watch」（見る）といった単語が動詞に当たる。

動詞は主語や時制によってさまざまな形に変化するが、多くの人が忘れがちなのがいわゆる「三単現のｓ」。たとえば、「I play tennis.」（私はテニスをする）という文の主語が「彼」という三人称（「私〈たち〉」「あなた〈たち〉」以外の人や物）の単数なら、「He plays tennis.」と、動詞に「s」がつく。主語が「彼女」の場合も同様。ただ、主語が複数になると「Ken and Mary play tennis.」と、動詞に「s」はつかない。むしろ「主語が単数のときにｓをつけるが、Ｉとyou を除く」と言ったほうがわかりやすい。ちなみに「s」をつける場合のルールは「複数形のｓ」と同様で、「study」ならば「studies」となる。

「否定文」の作り方

否定文を作る際には、主語の後に「not」を入れる。たとえば「This is a desk.」（これは机です）を否定文にしたければ、「This isn't a desk.」となる（220ページ参照）。

be動詞以外の動詞では、「A + don't + 動詞 + B.」（AはBを～しない）が基本的な形となる。「don't」は「do not」を短くしたものだ。たとえば、「I play baseball.」（私は野球をします）の場合、「I don't play baseball.」（私は野球をしません）となる。

また前述の「三単現のs」がついた文を否定文にすると、「do」が「does」となり、「does not」を短くした「doesn't」が使われる。「He plays baseball.」（彼は野球をします）を否定文にする際は「He doesn't play baseball.」（彼は野球をしません）となるわけだ。

「疑問文」の作り方

「A is B」を疑問文にする際は、「Is A B?」のように「is」を前に持ってくる。一方、be

動詞以外の動詞（「一般動詞」と言う）を使って疑問文を作る場合の基本的な構造は「Do＋A＋動詞＋B?」（AはBを〜しますか）となる。たとえば、「Do you play baseball?」（あなたは野球をしますか）というように、doを文の最初に入れればいい。答えるときは、「Yes, I do.」（はい）、「No, I don't.」（いいえ）と言う。

また「三単現のs」がついた文を疑問文にするときは、否定文と同様にdoesを使って、「Does he play baseball?」（彼は野球をしますか）となる。

「自動詞」と「他動詞」

今までは「A＋動詞＋B」という形を見てきたが、英語には「Bのない文」もある。「Birds fly.」（鳥は飛ぶ）、「You speak fast.」（あなたは速く話します）などである。ちなみに2つ目の文の「fast」はBではなく、後述する「副詞」だ。

英語には「必ずB（相手）を必要とする動詞」と、「それがなくてもいい動詞」がある。たとえばmake（作る）の場合、「I make.」だけでは文にならない。「I make cakes.」（私はお菓子を作ります）のように、makeという動作の「相手」になる言葉が必要だ。だが、speak（話す）やwalk（歩く）の場合は、「～を」に当たる言葉がなくても文が成り立つ。このように相手がなくても成り立つ動詞を「自動詞」、相手がいなくては成り立たない動詞を「他動詞」と言う（237ページの第1文型についての説明も参照）。

② 英語では「時制」が大切

「時制」とは、時間を表すための動詞の形のこと。日本語よりも使い分けが細かいため、苦手意識を持っている人もいるだろう。ここでは、代表的な時制の使い方をおさらいしていきたい。

過去形

They were kind.　彼らは優しかった。

I helped my father.　私は父の手伝いをした。

過去形とは、過去の出来事を表す動詞の形のこと。その際、動詞はさまざまな形に変化する。たとえば「be動詞」を使った「They are kind.」(彼らは優しい)は、「They were kind.」(彼らは優しかった)になる。一方、一般動詞を過去形にする際は、動詞の後ろに「-ed」をつけるのが基本。たとえば、「I help my father.」(私は父の手伝いをする)ならば、「I helped my father.」(私は父の手伝いをした)となる。ただし、「go」→「went」や「get」→「got」といった不規則に変化する動詞もあるので注意。

現在進行形

A baby is sleeping in the bed.　赤ん坊がベッドの中で眠っている。

現在進行形とは、「今まさに何かをしている」状態を指す。たとえば、「A baby is sleeping in the bed.」は、「今まさに赤ん坊がベッドの中で眠っている」様子を表している。注意したいのは、進行形にできるのは「動作」を表す動詞だけということ。「love」

や「want」といった「状態」を表す動詞は進行形にできない。現在進行形は「動詞の原形＋ing」となる。その際、「come」→「coming」のように、「e」で終わる動詞は、「e」を取ってから後ろに「ing」をつける。また、「cut」→「cutting」のように、最後の文字を重ねて「ing」をつける場合もある。

未来を表す形

He will be busy tomorrow. 彼は明日忙しいでしょう。
I'm going to buy this book. 私はこの本を買うつもりです。

未来のことを表すには、「will＋動詞の原形」を使う。このとき、主語がheやthis bookなどの三人称なら「will＝～だろう」、主語がIやwe（一人称）なら「～するつもりだ」が基本的な意味。また、「be going to～」は「～する予定だ」「～しそうだ」という意味を表す。

現在完了形

I have already finished my work.　私はもう仕事を終えました。
I have never seen UFOs.　私はUFOを一度も見たことがない。
I have lived here for two years.　私はここに2年間住んでいる。

動詞の活用形の1つである「過去分詞」を用い、「主語＋have（has）＋過去分詞」とするのが基本パターン。過去分詞は過去形と同じく動詞の後ろに「-ed」をつけるのが基本だが、「drink」→「drunk」のように不規則に変化するパターンも多いので注意。

ややこしいのが過去形との違い。現在完了形は「現在が過去に影響を受けている」場合に用いられる。たとえば、「He lost his purse.」という過去形の文では、「サイフをなくした」という事実だけを述べている。一方、現在完了形の「He has lost his purse.」という文は、「彼はサイフをなくし、それが現在に影響している」、つまり「財布をなくして今、困っている」というニュアンスまで含んでいるのだ。

また、現在完了形は「経験」「継続」も表す。たとえば、「I have never seen UFOs.」であれば、「私はUFOを一度も見たことがない」という「経験」を表す。また、「I have lived here for two years.」であれば、「私はここに2年間住んでいる」という「継続」を表すのだ。

③ 文を多彩に装飾する言葉

ここまで、「動詞」を中心に説明をしてきたが、もちろん、英文を構成する要素はそれだけではない。中でもとくに重要なものをおさらいしていこう。

形容詞

形容詞とは、「大きい」「長い」「賢い」のように、名詞を詳しく説明する言葉のこと。主に2つの使い方がある。「That house is big.」（あの家は大きい）のような「A is B」のパターンと、「That's a big house.」（あれは大きい家だ）という「名詞の前に置く」というパターン。前者は「AはBです」のように、主語を説明する言葉として使う。後者はここでは、「大きな家」という意味になり、後ろの名詞の性質や状態を表す。

つい忘れがちなのが、「a」「an」「this」「that」や数字の後ろに形容詞を置くというルール。たとえば、「3羽の大きな鳥」は、「big three birds」ではなく「three big birds」と表現する。英語では語順が非常に重要なので、覚えておこう。

副詞

副詞とは、形容詞や動詞や他の副詞、つまり「名詞以外」を修飾する言葉のこと。「very」「slowly」「fast」などが代表的なものだ。「kind」→「kindly」のように、「形容詞＋ly」で副詞になることが多い。ただ、「fast」（速い／速く）のように形容詞でも副詞でも同じ形のものや、「good」（上手な）と「well」（上手に）のように形がまったく違う場合もあるので注意。

副詞は、どんな言葉を修飾するかで、語順が変化する。たとえば、「The fish is very big.」（その魚はとても大きい）のように形容詞を修飾する際は、副詞は形容詞の前に置く。一方で、「He runs fast.」（彼は速く走る）など、動詞を説明する際は、副詞を動詞の後ろに置く。また、「He runs very fast.」（彼はとっても速く走る）のように、「副詞の前に置いて副詞を修飾する」ことも可能。副詞をどこに置くかは混乱しがちなので、ルールを今一度確認しておこう。

前置詞

名詞の前に置かれ、主に「副詞のかたまり」を作るのが前置詞。「in」「on」「at」などだ。「A is on the desk.」（Aは机の上にある／いる）など、名詞の前に置かれるから「前置詞」だ。「動詞＋前置詞」の形で使用されることが多い。「My father works at that factory.」（私の父はあの工場で働いています）の「で」や、「I get up at seven.」（私は7時に起きます）の「に」といったように、場所や時間などを表す。

覚えるべき前置詞の数は多く、たとえば場所を表す代表的な前置詞に「at」と「in」がある。前者は比較的狭い場所（at my house）を表すのに対し、後者は比較的広い場所（in Tokyo）を表すなど、適宜使い分けが求められる。

他にも「I go to school by bus.」（私はバスで通学しています）の「to（〜へ）」「by（〜に

よって)」や、「I play tennis with Masao.」(私はマサオと一緒にテニスをします)の「with(～と一緒に)」なども前置詞だ。

助動詞①――「will」「can」

文字どおり「動詞を助けるコトバ」で、動詞の直前に置くことで、その動詞にいろいろな意味を付け加えることができる。代表的な助動詞は「will」「can」「must」「may」など。以下、この4つについて説明しよう。

まず「will」は、時制のところで説明したように「～だろう」という未来に向けての推測や、「～するつもりだ」という「意志」を表す。「I will go to the party.」(私はパーティに行くつもりです)というように使う。「I will」は「I'll」と短縮されることが多く、「I'll go to the party.」となる。

228ページで説明したように、「I will ～」や「We will ～」は「意志(～するつもりだ)」を表す。決めるのは自分なのだから、「私はパーティに行くでしょう」と自分の行動を自分で推測するのはおかしい。

疑問形にする場合は「will」を冒頭に持ってくる。「Will you ～ ?」という表現は、「～してくれませんか」と、相手にものを頼むときによく使われる言い方だ。「Will you open the window?」（窓を開けてくれませんか）などと使う。

また、will に近い意味を表す言葉として、「be going to」がある。「I'm going to buy this book.」（私はこの本を買うつもり〈予定〉です）というように使う。

また「can」はご存じのとおり、「～することができる」の意味。「I can drive a car.」（私は車を運転することができます）のように使う。否定文では、短くした「can't」や、間にスペースを空けない「cannot」を使う。「I can't speak English.」（私は英語が話せません）などだ。

助動詞②――「must」「may」

「must」は「～しなければならない」の意味。「I must do my homework.」（私は宿題をしなければならない）のように使う。

「must」と同じように「～しなければならない」を表す語に「have to」がある。「must」

を「have to」に置き換え、「I have to do my homework.」と言うこともできる。

注意したいのが、それぞれ「否定形」となった際には、まったく意味が変わってしまうということ。「must not」が「～してはならない」となるのに対して、「don't have to」は「～しなくて良い」となるのだ。たとえば、「You must not go out.」は、「君は外出してはならない」だが、「I don't have to study today.」は、「私は今日は勉強しなくて良い」となるので要注意。

また、must には過去形がないので、過去を表す際は「have to」を過去形にした「had to」を使う。たとえば「I had to wait for an hour.」（私は1時間待たねばならなかった）のように言う。

may は「～しても良い」の意味で、「May I ask a question?」（1つ質問していいですか）などと使う。can にもこの意味があるが、どちらかと言えば may は丁寧な言い方で、can はくだけた言い方。また、may not は「～してはいけない」の意味を表す。つまり、must not と同じ意味になる。ただし may not は「許可を与えない」という「上から目線」の表現なので、実際にはあまり使わない。

④ 文の核（基本構造）を表す「5文型」

なぜ、文型を学び直すべきなのか？

続いて学び直すのは「文型」。学生時代に、何の役に立つのかわからないまま、ひたすら「5文型」を暗記させられた記憶があるのではないだろうか。実は文型をマスターすることには、2つのメリットがある。

1つ目は、英語の処理スピードが速くなること。ほとんどの英文はこの5つのパターンに集約できることがわかると、文の骨組みの理解も自ずとパターン化されるので、情報処理のスピードが圧倒的に速くなるのだ。

2つ目は、論旨を的確に理解できるようになること。文型がわかると、文章のどこに重要な情報があるかが推測できる。すると、たとえ意味のわからない単語があったとしても、最も重要な「文の核」だけを探し当てることができるのだ。

① S（主語）＋V（動詞）　**第1文型**

My father died last year.　父は去年死んだ。
S　V　M

※Mとは、主に動詞を詳しく説明する修飾語のこと。

英語で最もよく使う文型は後述する第3文型「S（主語）＋V（動詞）＋O（目的語）」だが、目的語を必要としない自動詞もある（225ページ参照）、「die」「stand」「stop」などがそうだ。自動詞を用い、主語と動詞だけで完結するのがこのSVの文型だ。ちなみにこの文ではM（修飾語）がついているが、このMは省略可能。注目すべき文の核は、あくまで「My father died.」だ。

② S（主語）＋V（動詞）＋C（補語） **第2文型**

His son became a doctor. 彼の息子は医者になった。

S V C

Cは「補語」と言い、SVCの形においては「S＝C」の関係を示す。例文では、「彼の息子＝医者」である。補語には名詞以外に形容詞も入る。たとえば「She looks happy.」（彼女はうれしそうだ）は、「彼女の気持ち＝うれしい」なので第2文型だ。

一方、後述するSVO（第3文型）ではS＝Oにはならない。ちなみにSVCで最も多い形はおなじみの「S is C.」。この「is」の代わりに「become/get」（〜になる）、「keep」（〜のままだ）などの動詞が使われるのだ。

③ S（主語）＋V（動詞）＋O（目的語） **第3文型**

She loves you. 彼女はあなたを愛しています。

S V O

この形が英語の最も基本的な文型。主に「SはOをVする」という意味を表す。ここで用いられる動詞は「他動詞」（225ページ参照）と言い、目的語に作用したり、何かしらの力を加える動詞を指す。例文で言えば、「あなた」という対象に「愛する」という力が働いていることになる。他動詞は第1文型を作る自動詞と違い、目的語なしで単独で使うことはできない。また第2文型（SVC）では「S＝C」の関係だったが、SVOではS＝Oにはならない。

④ S（主語）＋V（動詞）＋O1（目的語1）＋O2（目的語2） **第4文型**

I gave him some money. 私は彼にいくらかのお金をやった。
S V O1 O2

第3文型のSVOに対し、目的語Oが2つある文型で「SはO1にO2をVする」となる。O1には人、O2には物が入ることが多い。例文では、O1＝「彼」に対して、O2＝「いくらかのお金」をあげた、となる。「give」の他には「teach」（O1にO2を教える）や「lend」（O1にO2を貸す）、「show」（O1にO2を見せる）、「send」（O1にO2を送る）などの動詞が使われる。

⑤ S（主語）＋V（動詞）＋O（目的語）＋C（補語） **第5文型**

I will make you happy. 私は君を幸せにするつもりだ。
S V O C

第4文型ではOが2つだったが、こちらはOとCが1つずつ。この例文のようにmakeを使う場合は「OをCにする」となる。ポイントは、目的語と補語がイコールの関係になっていること。例文なら「君＝幸せ」ということだ。

「make」はSVO1O2の文型でも用いることができ、その場合は「O1にO2を作ってやる」となる。たとえば「I'll make you some coffee.」（君にコーヒーを作って〈淹れて〉あげよう）など。

一方、SVOCの場合の「make」は「作る」ではなく、「～させる」という使役の意味で使われる。他には「call」（OをCと呼ぶ）、「find」（OがCだとわかる）などの動詞も使われる。

5 覚えているようで忘れている!? 「あの文法用語」

他にも中学英語で習う文法用語はいくつかあるが、その中でも「忘れがちだけれども大切なもの」をいくつかピックアップして紹介する。

不定詞

言葉だけは覚えている人も多いかもしれない「不定詞」。「to +動詞の原形」の形だ。たとえば、study（勉強する）という動詞の前にtoを置いて、「to study」とする。これが「不定詞」と呼ばれるものだ。

この不定詞にはいくつもの意味があるが、代表的なのが「～すること」。「To play soccer is fun.」（サッカーをするのは楽しい）、「My dream is to become a singer.」（私の夢は、歌手になることです）などと使われる。

英語で非常によく使われるのが、「It is ～ 不定詞」の形だ。「It is interesting to study English.」（英語を勉強することは面白い）などである。最初のitは、「後ろの不定詞を受ける」という働きをする単なる記号だと考えておけばいいだろう。

ここに「for A」を加え、「It is ～ for A ＋ 不定詞.」とすると、「……することはAにとって～だ」というように、「○○にとって」という意味を加えることができる。「It is necessary for you to study English.」（英語を勉強することは、君にとって必要だ）などとなる。また、「I want you to buy a new car.」（私はあなたに新しい車を買ってほしい）のように、「動詞＋（A＋）不定詞」という形で使われることも多い。

「This is a knife to cut paper.」（これは紙を切るためのナイフです）など、名詞の後に不定詞が置かれる場合は、「～するための○○」という意味となる。直前の言葉を詳しく説明しているので、「形容詞用法」とも呼ばれる。

また、「副詞用法」というものもあり、「He studied hard to pass the exam.」（彼は試験に合格するために熱心に勉強した）では、「～するために」（目的を表す）、「I'm glad to hear the news.」（私はその知らせを聞いてうれしい）では「～して（うれしい・悲しい……）」などの感情の原因を表す。

ちなみに最初の「〜すること」の用法は「名詞用法」と呼ばれ、以下の文章には３つの用法がすべて含まれていることになる。

The best way to master English is to go abroad to study.

（to master English：形容詞用法／to go abroad：名詞用法／to study：副詞用法）

英語を学ぶための最善の方法は留学することです

受動態

「〜される」という受け身の意味を表す動詞の形のこと。基本の形は「O＋be動詞＋過去分詞（by S）＝Oは（Sによって）〜される」となる。

たとえば、「Tom loves Mary.」（トムはメアリを愛している）という文を受動態で表すと、「Mary is loved by Tom.」（メアリはトムによって愛されている）となる。By以下はしばしば省略される。「The jewel was stolen.」（宝石が盗まれた）などだ。

ちなみに英語では、日本語だと受け身にすることに違和感を抱くようなことを受動態で表すことがある。たとえば、「I am tired.」（私は疲れている）、「I was born in Osaka.」（私は大阪で生まれた）などだが、とくに顕著なのが「感情」を表す際の表現だ。

代表的なものが「I was surprised.」（驚いた）で、「I was surprised at the news.」（私はその知らせを聞いて驚いた）というように、「私はその知らせによって驚かされた」という受け身の表現になるのだ。他にも、「be disappointed at ～ ＝～にがっかりする」「be bored with ＝～に退屈する」「be satisfied with ～ ＝～に満足する」など、「感情を表すときには受動態」と覚えておくといいだろう。

動名詞と分詞

「走ること」を「ランニング」と言うように、run（走る）⇒ running（走ること）のように「ing」をつけることで、動詞を名詞にすることができる。これを「動名詞」という。「I like singing karaoke.」（私はカラオケを歌うことが好きです）などと、「名詞のかたまり」を作ることができる。

これは、先ほど紹介した「～すること」を表す不定詞とほぼ同じ用法で、「I like to sing karaoke.」と言い換えることができる。ただ、中には「enjoy（楽しむ）」のように、不定詞を使えない動詞もある。つまり、「We enjoyed to sing karaoke.」は誤りで、必ず「We enjoyed singing karaoke.」としなくてはならないのだ。

どの動詞が不定詞を使うことができないのかは一つ一つ覚えるしかないが、とりあえず中学英語レベルでは、「enjoy」と「finish（終える）」と「stop（やめる）」くらいを覚えておけばいいだろう。逆に「want」のように、不定詞だけしか使えない動詞もある。

また、「～ing＋名詞」で「～している○○」の意味を表す。「a singing bird（さえずっている鳥）」などだ。このsingingは「歌っている」という意味で、現在進行形（The bird is singing.）の～ingと同じだ。このように「～している」という意味を表す～ing形を「現在分詞」と言う。つまり、singingには「歌うこと」（動名詞）、「歌っている」（現在分詞）の2つの意味がある。

また、前述の「過去分詞」を使い、「過去分詞＋名詞」とすれば、「a broken window」（こわされた窓）のように「～される［された］○○」という意味のフレーズを作ることもできる。つまり、

★現在分詞＋名詞＝〜している○○
★過去分詞＋名詞＝〜される［された］○○

となる。

ちなみに過去分詞は「Made in China」の「made」（make の過去分詞）や、「フローズンフード」（冷凍食品）の「フローズン（frozen）」（「freeze」の過去分詞）のように、意外と日本語の中で使われていることも多い。

関係代名詞

関係代名詞とは、前にある名詞（先行詞）を説明する働きを持つ品詞のこと。「名詞＋関係代名詞〜」という形で使われ、日本語では「〜する［である］○○（名詞）」となる。

ただ、関係代名詞をいちいち「〜するところの」などと日本語訳する必要はない。「名詞の後ろに修飾語句が続く目印」として覚えておけば十分だ。

関係代名詞には、「who」「which」「that」などがあり、先行詞が人のときは「who」、物のときは「which」。「that」はどちらでも使用可能だ。

❶ **This is the book that I read yesterday.** これは、私が昨日読んだ本です。
（the book：先行詞　that：関係代名詞　I read yesterday：関係詞節）

＝

ⓐ **This is the book.** これは、本です。

＋

ⓑ **I read it yesterday.** 私はそれを昨日読みました。

この例では、「the book」の後にある「that」が関係代名詞だ。関係代名詞が作る修飾語のかたまりを「関係詞節」と言う。これはM（修飾語）だから、関係詞節を取り除いても文章が成り立つのがポイント。

考え方としては、ⓐ「This is the book.」の文がメインとなり、「the book」を先行詞として、ⓑ「I read it yesterday.」の文章を後ろにくっつける。その際、ⓑの文の「it」は「the book」のことだから、この「it」を関係代名詞「that」に置き換え、さらに一番前に出すのだ。

つまり、「I read that yesterday」として、「that」を前に出し、「that I read yesterday」とする。そのかたまりを先行詞（the book）の後ろに置けば良い。

❷ **This is the car that won the race.**　これが、レースに勝った車です。
❸ **That is the teacher who teaches English.**　あの人が、英語を教えている先生です。
❹ **That is the man who(m) I met there.**　あの人が、私がそこで会った男の人です。

先ほどの例では目的語（O）の「it」を関係代名詞の「that」で置き換えたが、主語（S）を関係代名詞で置き換える場合もある。❷は、「This is the car.」と「The car won the race.」に分解でき、最初の文の「the car」が次の文では主語になっている。そこで、「the car」を「that」に変え、「that won the race.」としてから先行詞（the car）の後ろに置く。ちなみに目的格の関係代名詞は省略可能だが、主格の場合は省略できない。

なお、「that」は先行詞が人でも物でも使えるが、「which」は物、「who」は人が先行詞の場合に使う。「who」の場合は目的格と主格の場合で使い分けることもある。

先行詞	主格	目的格
人	who/that	who(m)/that
物	which/that	which/that

たとえば、❸の「That is the teacher who teaches English.」（あの人が、英語を教えている先生です）は「That is the teacher.」と「He teaches English.」という文を1つにしたもので、先行詞である「the teacher」＝「He」なので、主格である。このときは「who」を使用する。

一方、❹の「That is the man who(m) I met there.」（あの人が、私がそこで会った男の人です）は、「That is the man.」と「I met him there.」となり、「the man」＝「him」なので目的格である。このときは「whom」を使う。なお、「whom」は話し言葉では「who」で代用するのが普通だ。

比較

比較を表す言い方は、大きく分けて3種類ある。

①AはBと同じくらい〜だ。（原級）
②AはBよりも〜だ。（比較級）
③Aが一番〜だ。（最上級）

「原級」「比較級」「最上級」とは、形容詞・副詞の語形のこと。たとえばtall（原級）―taller（比較級）― tallest（最上級）のようになる。

まず①の意味は、「Ⓐ V as ＋形容詞・副詞＋ as Ⓑ.」（ⒶはⒷと同じくらい〜だ）という形で表す。形容詞・副詞のもとの形（原級）をasとasで挟めばいいので比較的単純だ。

たとえば「Aya is as tall as Mari.」（アヤはマリと同じくらいの身長だ）となる。否定文にすると、「Aya is not as tall as Mari.」（アヤはマリほど背が高くない）と、「〜ほど○○ではない」という意味になる。

続いて②の「比較級」を使う文は、「Ⓐ V ＋比較級＋ than Ⓑ.」（ⒷよりもⒶのほうが〜だ）という意味を表す。たとえば「Aya is taller than Mari.」（アヤはマリよりも背が高い）となる。「形容詞・副詞に er をくっつけたもの」が比較級で、「tall」が「taller」、「early」なら「earlier」などとなる。ただ、長い単語の場合は前に「more」をつけ、「more beautiful」とする。また、「good」「well」の比較級が「better」となるなど、不規則な変化もある。

そして最後に③の「最上級」だが、「Masao is the tallest in his class.」（マサオはクラスで最も背が高い）のように、「Ⓐ V the ＋最上級＋ in Ⓑ.」（ⒶはⒷの中で一番〜だ）という形をとる。「形容詞・副詞 -est」を「最上級」と呼ぶ。比較級との違いとして、最上級の前には必ず「the」が入る、ということに注意。長い形容詞や副詞の場合、「Mika is the most beautiful in my office.」（ミカは私の職場で一番美しい）などのように、前に「most」を入れる。ちなみに「good」「well」の最上級が「best」だ。

PHP
Business Shinsho

月刊『THE21』
プレイヤーとして結果を出すことを求められながら、中堅社員として部下指導やチーム運営までも求められる……。そんな悩み多き40代ビジネスパーソンに向け、明日の仕事に使えるスキルや今後のキャリア形成のヒントをお届けする月刊ビジネス誌。毎月10日発売。

THE21オンライン：http://shuchi.php.co.jp/the21/

2017年2月号

3月号

4月号

〈取材・構成〉
杉山直隆（P.20/P.155/P.172）、林 加愛（P.35/P.80/P.88/P.146/P.202）、川端隆人（P.62/P.72/P.138/P.180）、麻生泰子（P.96）、前田はるみ（P.122）、西澤まどか（P.130）、石井綾子（P.163）

PHPビジネス新書 377

40代からの「英語」の学び方
10代、20代より速く身につくコツ

2017年5月2日　第1版第1刷発行

編　　者　『THE21』編集部
発行者　岡　修平
発行所　株式会社PHP研究所
東京本部　〒135-8137　江東区豊洲5-6-52
ビジネス出版部　☎03-3520-9619(編集)
普及一部　☎03-3520-9630(販売)
京都本部　〒601-8411　京都市南区西九条北ノ内町11
PHP INTERFACE　http://www.php.co.jp/
装　　幀　齋藤 稔(株式会社ジーラム)
制作協力・組版　株式会社PHPエディターズ・グループ
印刷所　共同印刷株式会社
製本所　東京美術紙工協業組合

ISBN978-4-569-83605-8

「ＰＨＰビジネス新書」発刊にあたって

わからないことがあったら「インターネット」で何でも一発で調べられる時代。本という形でビジネスの知識を提供することに何の意味があるのか……その一つの答えとして「**血の通った実務書**」というコンセプトを提案させていただくのが本シリーズです。

経営知識やスキルといった、誰が語っても同じに思えるものでも、ビジネス界の第一線で活躍する人の語る言葉には、独特の迫力があります。そんな、「**現場を知る人が本音で語る**」知識を、ビジネスのあらゆる分野においてご提供していきたいと思っております。

本シリーズのシンボルマークは、理屈よりも実用性を重んじた古代ローマ人のイメージです。彼らが残した知識のように、本書の内容が永きにわたって皆様のビジネスのお役に立ち続けることを願っております。

二〇〇六年四月

ＰＨＰ研究所

PHPビジネス新書

フィードバック入門

耳の痛いことを伝えて部下と職場を立て直す技術

中原 淳 著

多忙を極める現代のマネジャー。今こそ最強の部下育成法「フィードバック」が必要だ。読めば思い通りに部下が育ち、部署の業績も上がる一冊。

定価 本体八七〇円（税別）

PHPビジネス新書

［新書版］海外経験ゼロでも仕事が忙しくても

「英語は1年」でマスターできる

三木雄信 著

英会話が大の苦手なのに、孫正義氏の秘書を務めることになった著者。最短最速の英語学習テクニック、ツールを全公開する。

定価 本体八七〇円（税別）